大展好書　好書大展
品嘗好書　冠群可期

大展好書　好書大展
品嘗好書　冠群可期

世界手語入門

蕭京凌　譯

家庭／生活
69

前言

完全不懂外國語的聾者，跑遍了世界各國，和外國聾者溝通並不覺得困難，所以有人誤解聾者的手語是世界共通的。實際上，聾者的手語並不一定是世界共通的，世界各國的手語和有聲音的語言一樣，各不相同，所以不同國家的聾者也是不容易溝通的。本書以具有世界共通性的肢體語言做說明，使我國的聾者能夠和不同國家的聾者溝通。

在此簡單說明用肢體語言溝通的方法。據分析，有下列六種：

①動作的表現
②模仿的動作
③臉部的表情
④姿勢、態度
⑤無規則的手勢
⑥有規則的手勢

聾者手語的溝通卽使用以上六種要素。不過，大約有70％用有規則的手勢。有規則的手勢須經學習才會使用，我國的聾者平常使用正規的中國手語。

世界各國的手語由於風土、生活習慣、宗教、歷史、文化的不同，所以和一般的無音語言一樣，各不相同。各國聾者的手語受該國社會、文化背景的影響很大，而形成該國有規則性的手語。聾者的手語約70％有該國獨特的規則，所以無法和不同國家的聾者溝通，只有剩下的30％肢體語言可和他國的聾者作國際性溝通。

完全不懂外國語或手語的人和外國人會話時，很自然的會使用肢體語言，不斷思索該如何運用身體的動作，才能讓對方了解，這種會話方式實在很辛苦。諸如此類用肢體的語言，表達的方式可任意發揮，因此任何人都可以自由使用。因為沒有像手語的規則性，所以不懂外國語或手語的人，也可以大膽的用肢體語言和外國人溝通，也許你可以在自己身上發現潛在的能力。

現在，不懂外國語而由旅行社帶團出國旅行的情形很普遍。出國作團體旅行的人，大部份都是依靠旅行社領隊的解說或只能和當地商店為迎合旅客而特別學習過本國語的人員溝通，真正和外國人溝通的經驗很少。旅行社所辦的出國團體旅行的魅力，就是能幫助旅客消除語言不通的障礙，但像這種海外旅行，談不上真正到外國旅行。

不懂外國語，但懂得非口頭的表達方式，那麼，可作簡單的溝通，例如在團體旅行的自由活動時、購物時、或在旅館內需要服務生時，聾者比正常人更能自由行動，這是因為聾者已經習慣於非口頭溝通。

懂得外國手語的人一向很少，最近歐洲各國流行邊聽外國語的演講，邊用自己國家的手語翻譯，聾者的國際交流機會也漸漸增多。時勢使然，我國的聾者也要急起直追，期能與他國齊頭並進，才不致於落後。

據統計，世界上大約有二千八百種語言，其中究竟是否包括各國的手語呢？

美國人很重視手語，因為美國是多民族、多語言的國家，美國聾者的手語ASL，約有五十萬人使用，僅次於英國、西班牙、義大利，是使用者第四多的語言，在社會上有相當重要的地位。

最近世界各國陸續刊行手語辭典，一九五〇年以前幾乎沒有，當時並不把聾者手語當成人類語言。作者十幾年前就多方蒐集外國手語辭典和手語資料，對世界各國手語作比較研究。

本書藉著對世界手語的具體介紹，期能引起讀者對外國手語的興趣，希望有更多人能自由使用外國手語。

本書是美國聾者手語、英國手語、日本手語、中國手語、西班牙手語、國際手語的比較與介紹，希望對手語有興趣的讀者，能多學外國手語而達成國際交流的目的。

目錄

第二章　美國手語入門

凡例　本書的閱讀法

連續的動作

沒有用①②③表示動作的順序，都是從左到右，由上往下。

箭頭的意義

⇦— 表示手或手臂動的方向。

◁⇦— 表示手或手臂向箭頭方向動兩次。

⇔— 表示手或手臂來回動作。

※本書用「右手」說明動作，左右手皆可使用。

凡例　身體的各部位

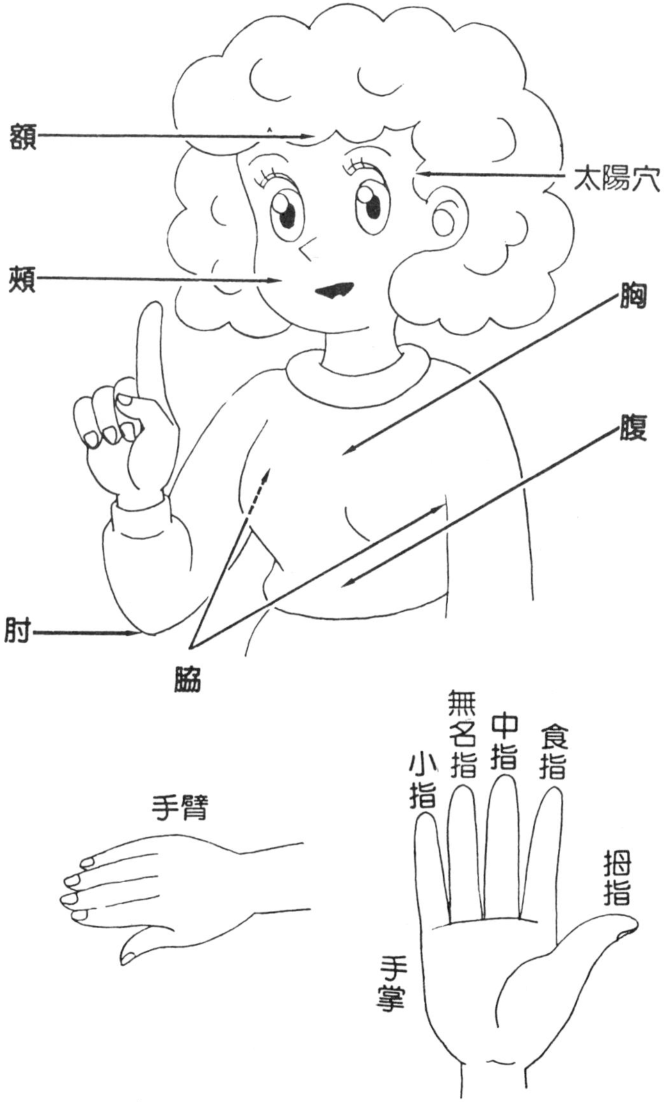

手指文字的歷史

手指文字最早使用於修道院。基督教的修道院有嚴格的戒令，其中之一是修道士必須保持沈默，所以允許使用手語或手指文字，這些修道士在沈默中用手語或手指文字溝通。

世界最初的聾啞教育，據說是於一五四五年，由西班牙的修道士朋瑟開始的。朋瑟在西班牙的聖薩爾瓦多修道院教西班牙望族維拉斯克家的兩個聾啞兒子，用手指文字讀寫和說話。當時的望族一旦生下聾啞孩子，怕他人知道，都送往修道院。把修道士使用的手指文字，運用在聾啞教育上，現代人覺得理所當然，但在當時卻是劃時代的創舉。

十八世紀前半，猶太裔的西班牙人佩雷勒把西班牙式手指文字帶進法國。法國的聾啞教育始於巴黎聾啞學校的創立者杜雷朋，杜雷朋使用手指文字和手語教育聾啞學生，他的學校也收容貧窮的聾啞學生。

美國的聾啞教育始於一八一七年，之前，畢業於耶魯大學想當牧師的湯瑪斯・霍普金斯，決定教導住在附近，叫雅麗絲的聾啞少女讀寫。由於霍普金斯熱心的教育，使雅麗絲的父親柯格斯威爾博士，認為不僅他的女兒要受教育，別的聾啞者也應受教育，於是籌備設立聾啞學校。一八一五年威爾博士派霍普金斯赴歐洲學習聾啞教育。

霍普金斯在法國向杜雷朋的弟子錫卡爾學習手語教育，而將這些技術帶回美國，並在美國的盲啞教育設施——哈特福特學校（現在的美國盲啞學校）進行試驗。他後來也創設了一所盲啞學校——凱勒迪特大學。

像這樣去探索世界的手語來源時，就可以回溯到中世紀歐洲的修道院。

美國的手語　示範演練

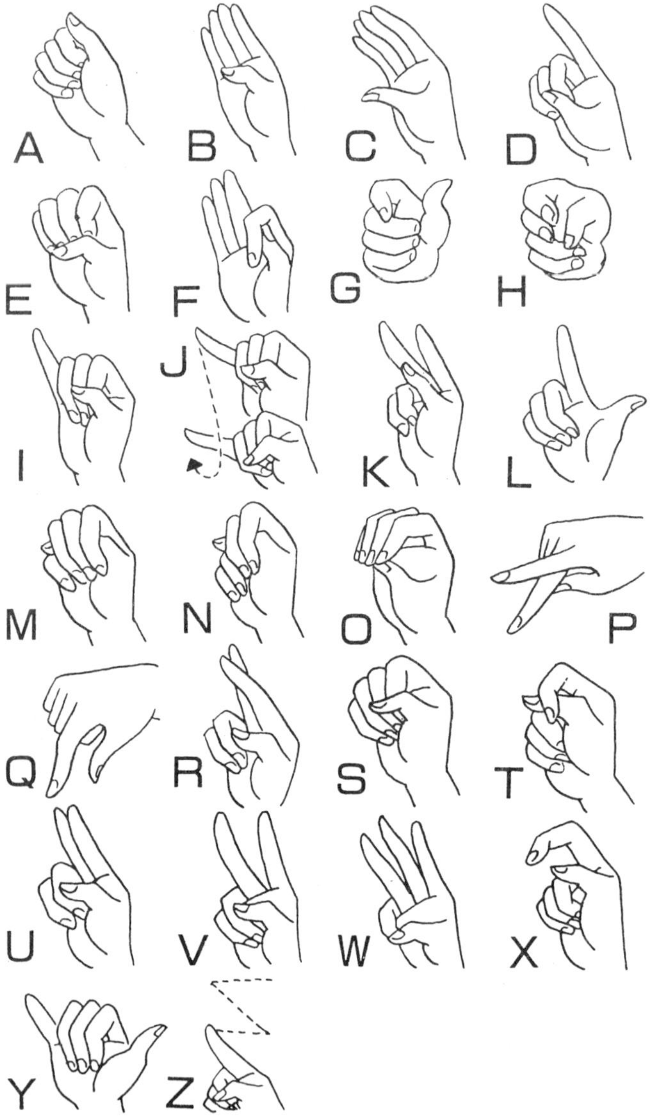

美國的手語 示範演練

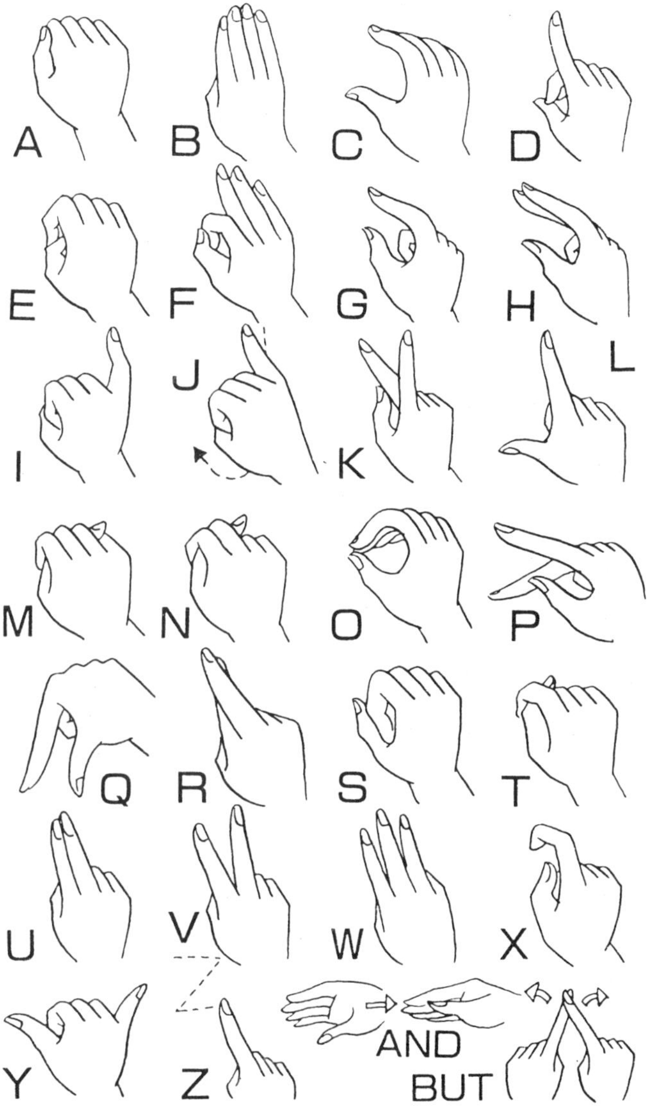

國際手語（亞洲） 示範演練

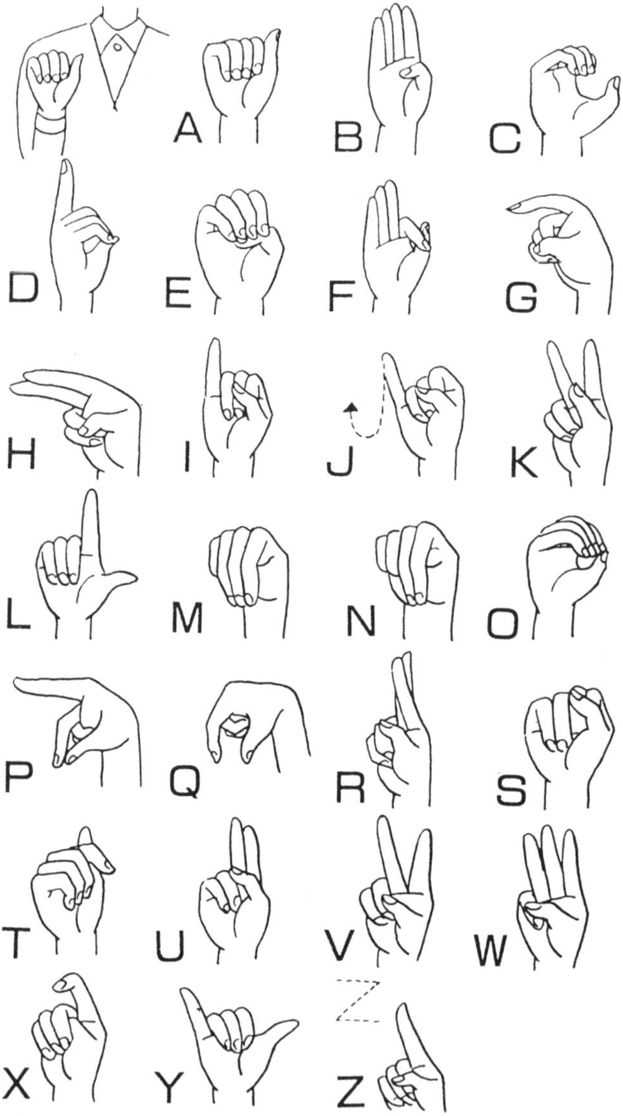

英國的雙手手語　示範演練

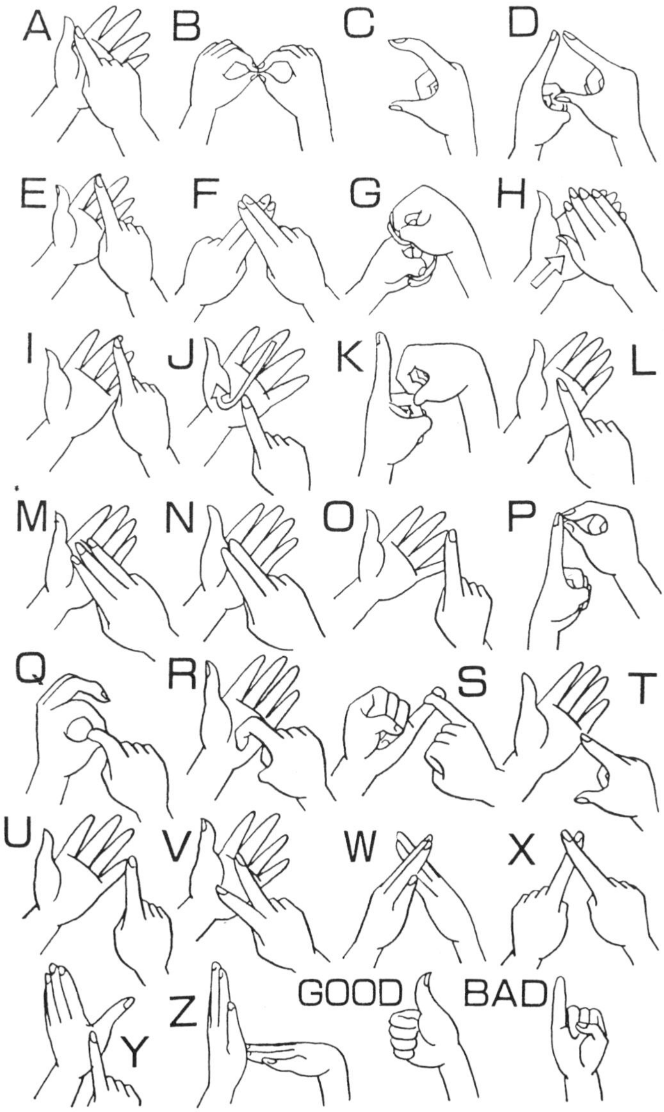

美國的數詞

示範演練

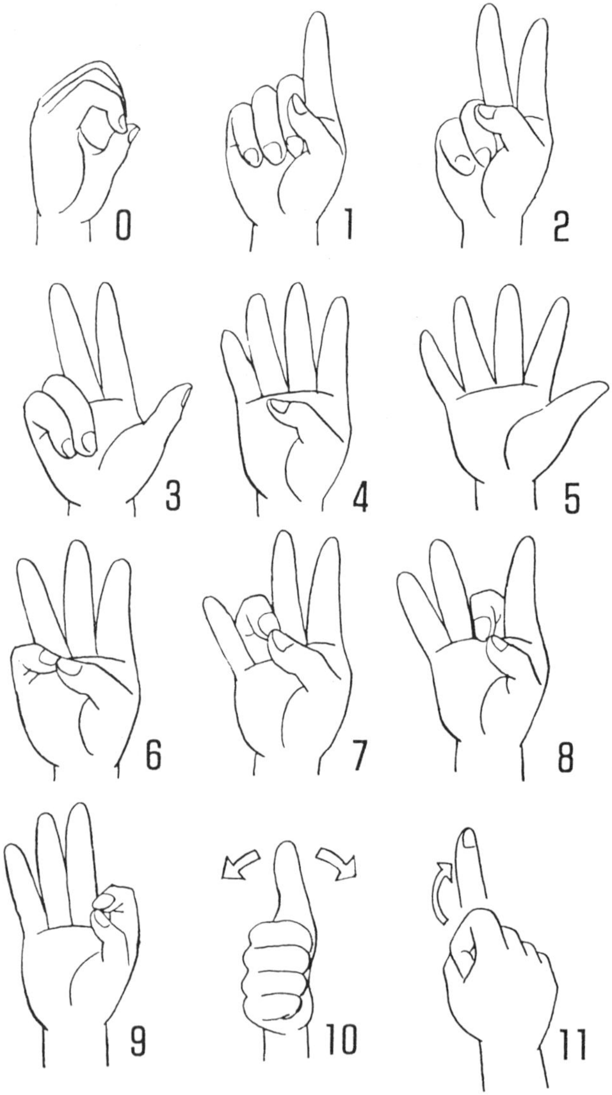

12

13

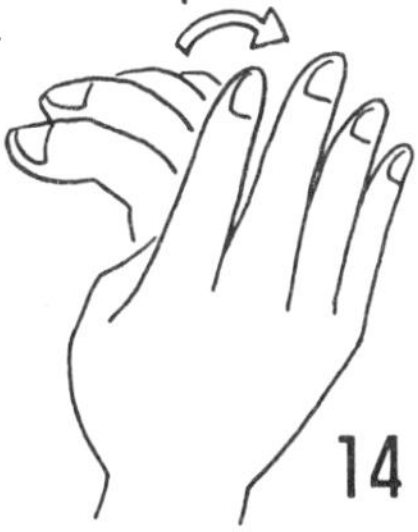
14

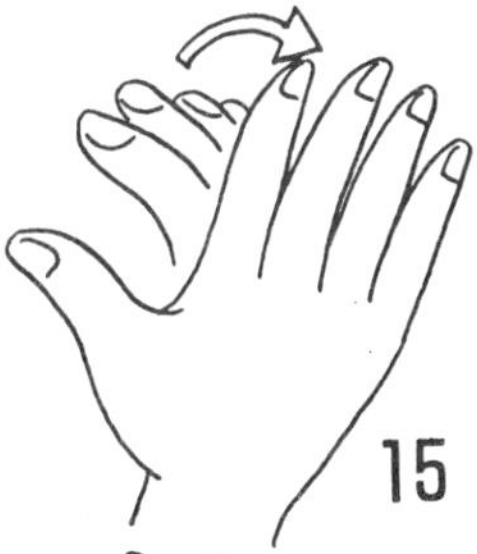
15

16

17

18

19

美國的數詞

示範演練

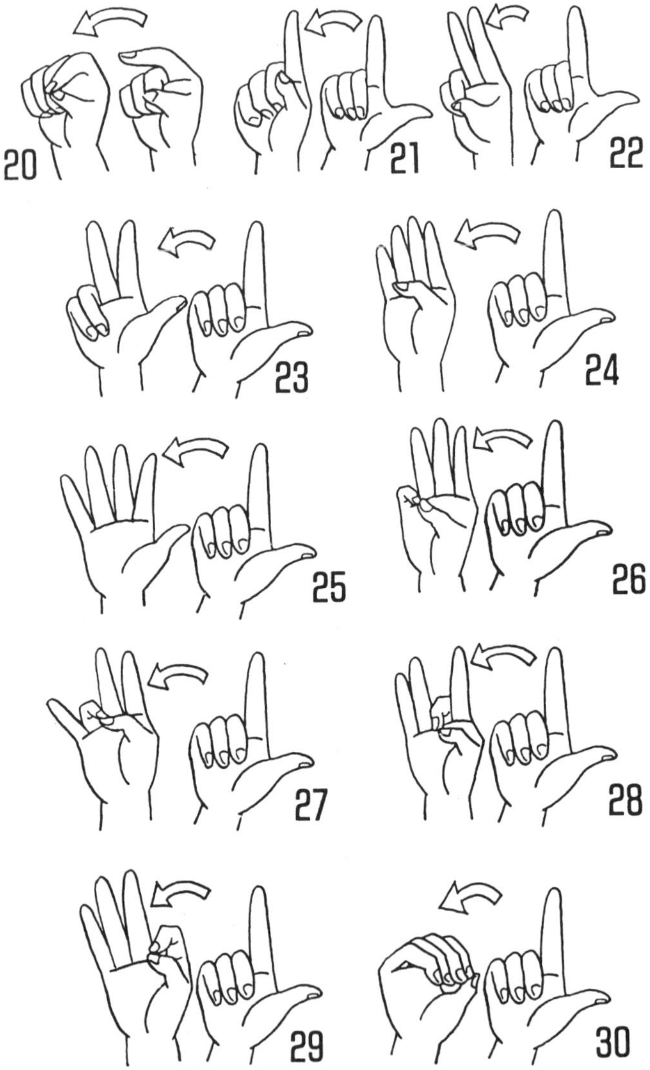

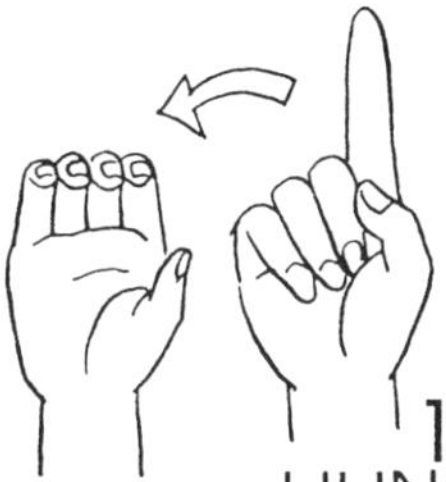

100
HUNDRED

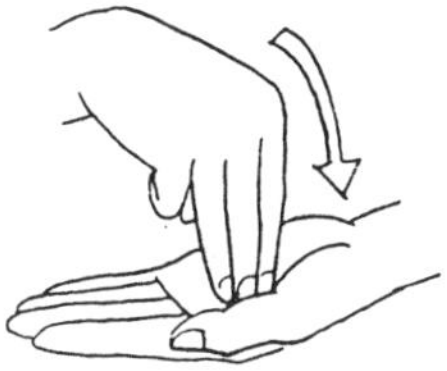

1000
THOUSAND

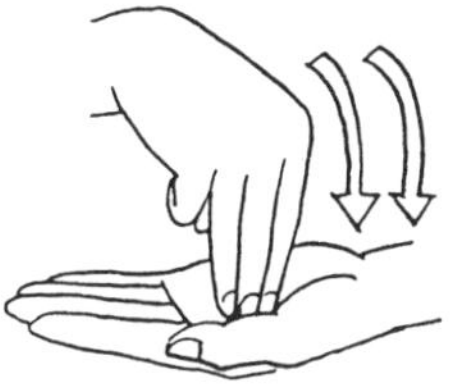

1000000
MILLION

分數

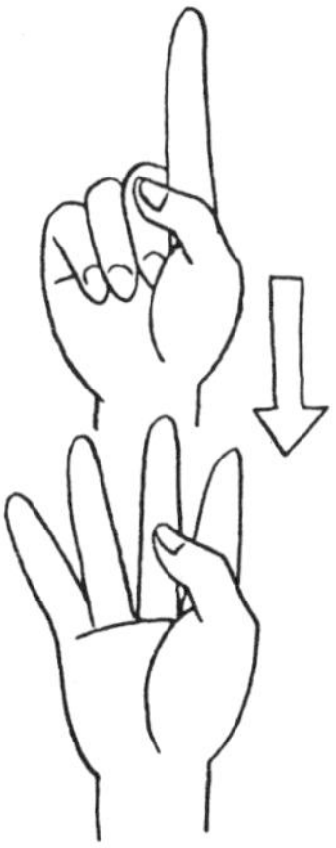

1/4

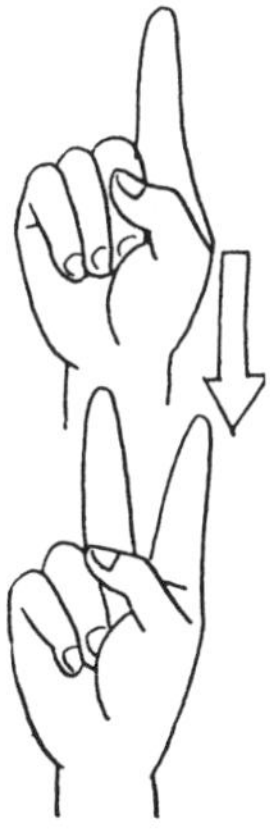

1/2

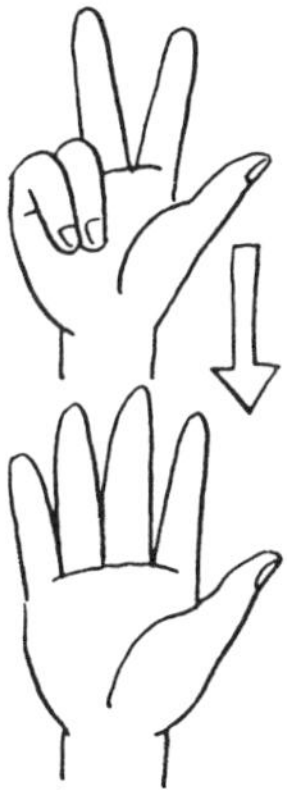

3/5

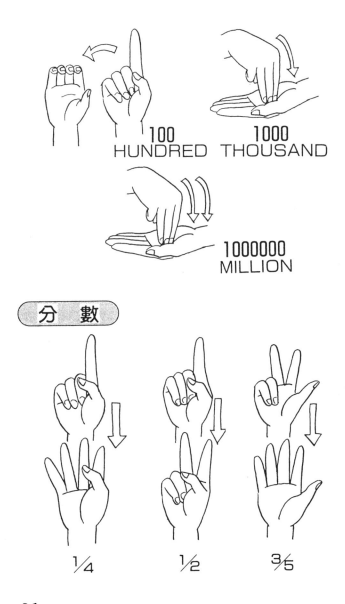

短評

中國的手語

中國人經常使用手語，因爲中國的領土非常廣大，因此在發音和音調上，有很顯著的差異。例如，北平人和廣東人見面時，語言是完全不相通的，另外在中國領土的周圍，住了爲數頗多的少數民族。因此這些少數民族和漢民族的往來，就成爲一個極爲重要的問題。語言完全不同的民族在進行買賣、交易時，手語便成爲他們溝通的方式，只有少數富裕的商人，有能力僱用翻譯；而一般的商人如果想和異民族交易，便會使用全中國共通的手語來進行買賣。

今天，中國盲人所使用的手語，是從正常人的手語發展出來的，因此，中國人對於手語，本來就沒有抗拒或差別感的現象出現。

至於筆談也是一樣，相同的一句中國話，由於地區的不同，使得發音及音調有著極大的差異，往往使得語言溝通發生困難，所以在語言無法溝通的情形下，人們利用共通的漢字，來進行筆談是極爲普通的事，而和盲者之間的筆談，也沒有任何的排斥反應產生。

第1章

世界的手語

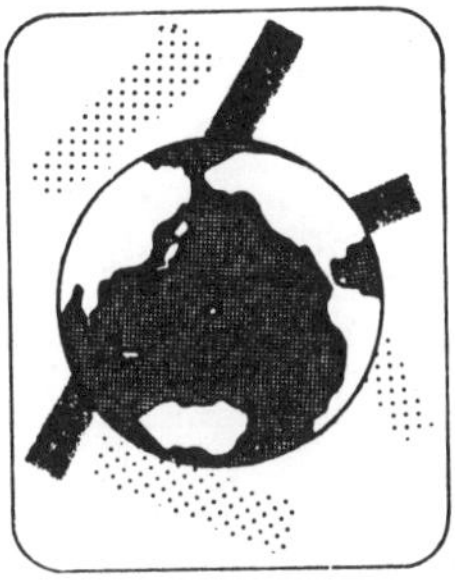

世界的手語

據說地球上的人類所使用的語言有兩千八百種，因此要在這麼多種不同語言之間，進行溝通是極爲困難的事。

不過有很多人却認爲「手語無國界」、「手語是萬國共通的語言」，如失聰者在進行溝通時，都是比手劃脚，因此國家雖然不同，却可以利用手語，讓彼此了解對方的意思。抱持這種觀點的人似乎很多，其實這是非常錯誤的看法，固然聽不懂對方的語言，可利用簡單的手語比手劃脚一番，就某種程度而言，意思是可以溝通的，但若要將無法用眼睛觀察到的事情及其相關性的意思，用比手劃脚的手語來表達是很困難的。由於人類的日常生活，基本上來說是具有世界共通性的，如果屬於諸如此類的範圍時，利用比手劃脚和簡單的手語，可以將某些程度的意思予以表達。

從不同國籍的盲人溝通情況看起來，內容幾乎都只是限定在日常生活的範圍而已，例如：「你結婚了嗎？」、「肚子餓了嗎？要不要一起到附近的餐廳去吃飯？」、「睡得好嗎？」，都是一些日常用語。現在將國際手語的溝通方式加以詳細說明。

「肚子餓了嗎？要不要一起到附近的餐廳去吃飯？」如果用以下的方法來表示，卽使是語言、手語不相同的人也能進行溝通。

【你】 用食指指著對方。

【腹部】 用食指指著自己的肚子。

【餓餓】 手掌打開，指著腹部。

【？】 一邊將頭稍微傾斜，一邊看著對方的臉。

【附近】 用食指指著斜前方的人，再將食指向下動兩次。

【餐廳】 雙手拿著刀、叉要切開東西來吃的動作。

【你】 用食指指著對方。

【我】 用食指指著自己的胸部。

【一起】 用雙手食指互相碰觸。

如果是屬於上面所說的基本手語表示，且可當作國際間交際的方式來使用的話，不只是失聰者而已，就連一般不懂外國語言的人，用前面所說的這種比手劃脚的方式亦能勉強的與人溝通。

但是，失聰者所使用的手語和有聲語言一樣，亦會因國家的不同而有所差別。例如，日本的聾人使用日本的手語，美國聾人使用美國的手語，蘇聯聾人使用蘇聯的手語。因此，不同國家的失聰者用自己國家特有的手語是不能作國際交流的。如果像上面所說的，只是將一些日常生活的事情以比手劃脚來表達的話，是可以勉強溝通的。但是如果事關較爲複雜的事情，或是將眼睛所看不到的抽象式內容要予以表達時，就會如有聲語言般地直接遭遇困難了。

聾人在進行國際交流時，就如正常人在學習外國語言一樣，有必要學習對方國家的手語，同時也把自己國家的手語傳授給對方，讓彼此互相了解，使得交談更順利的進行才是最重要的。

本書介紹了使用人口特別多的美國、英國、中國、西班牙等國的手語；而世界聾啞聯盟所提倡的國際手語（GESTUNO）亦一併加以介紹。

最初，由聾啞集團所使用的手語，就是十七世紀位於法國巴黎的世界第一所聾啞教育機構設立以後開始有的。接著，從十八世紀末到十九世紀初，歐洲各國接二連三設立了聾啞教育機構，這些機構在剛開始時，是採用法國式的手語來進行教學，然後慢慢的便各自使用自己國家的手語來授課。

一八一六年，美國的霍普金斯．凱洛迪特爲了要在美國創設聾啞教育設施，便至歐洲進行研究，在法國學習了手語的教育方法，隔年便和聾啞專家克雷魯一起回到美國，在哈特福特創設了美國第一所聾人學校，並以法國的手語爲藍本，另外編造出美國式的手語，這就是今天美國式手語（ASL）的由來，凱洛迪特後來又創設了屬於盲人的另一所教育機構——凱洛迪特學院（凱洛迪特學院在一九八六年升格爲大學）。

美國的手語原本學自於法國，但現在各有不同發展，所以美國、法國的手語共通性很少。美國的文化對世界各國的影響很大，所以，如馬來西亞、菲律賓、新加坡、印度和第二次世界大戰後獨立的非洲新興國家等都在使用。

英國的手語，澳洲、南非共和國、紐西蘭、加拿大等英國的聯邦國家，以及印度的孟買、孟加拉等第二次世界大戰屬英國領土的國家都在使用。

中國是擁有世界人口最多的國家，所以，中國的手語從使用人口的意義來說，屬於世界第一。另外，香港、泰國、新加坡等地的華僑也都在使用。

西班牙的手語在中南美洲普遍使用，所以在西班牙語系的智利、秘魯、哥倫比亞、烏拉圭、巴拉圭、玻利維亞等中南美國家都在使用。

本書先以日本的手語作示範，再用對照型態把美國、英國、中國、西班牙、國際手語（GESTUNO）舉出。現在，西德聾者也使用和GESTUNO相同的手語，所以西德的手語字典，有90%以上和GESTUNO相同。

本書把各種手語的表達方法簡單記述，同時解說手語的由來，另外，也設立專欄，列出6種手語的不同點，希望讀者對各種手語加以比較參考。

朋　友

把雙手貼在一起表示「友情」，這點各國都共通，但手的型態卻參差不一。

日本的手語
友だち

將雙手互握表示友情。

美國的手語
FRIEND

表示友情連結在一起。

英國的手語
FRIEND

英國的手語拇指表示「好」。

中國的手語

朋 友

中國的手語拇指表示「好」。

西班牙的手語

AMIGO

用右手壓左手的手背。

國際的手語

㈤AMICAL ㈥FREUND

（法國）（西德）和西班牙的手語相同。

家 人

將家人包圍住的作法，各國都共通。

日本的手語
家 族

表示在同一屋簷下生活的家人。

美國的手語
FAMILY

將美國手語「F」字型態，水平畫出圓圈表示家人。

英國的手語
FAMILY

把英國手語雙手用「F」字型態，用水平描畫圓圈。

中國的手語

家　人

和日本的手語相同，但表現方法不同。

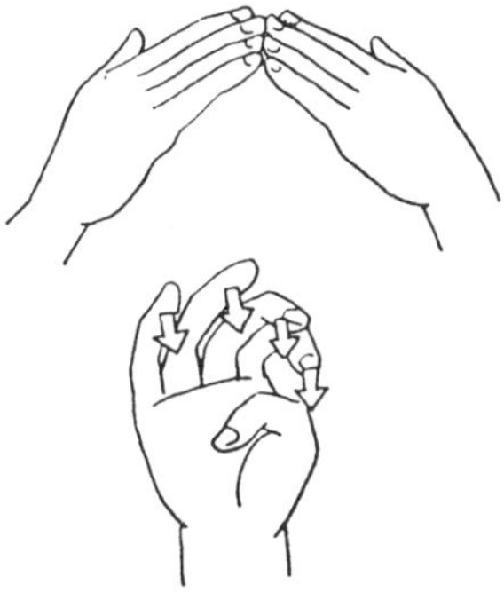

西班牙的手語

FAMILIA

將雙手食指相對，交互轉圓圈。至於FAMILIA在日本是車子的名稱。

國際的手語

㈻FAMILLE ㈱FAMILIE

（法國）（西德）左手手指豎立，並用右手抓住，表示一家人。

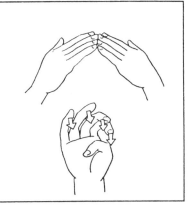

結 婚

有社會習慣反映的手語。

日本的手語
結 婚

日本手語拇指表示男人，小指表示女人，相反的動作則表示離婚。

美國的手語
MARRIAGE

作出結婚儀式上兩人手拉手的表示，戴戒指的動作在ASL是婚約的意思。

英國的手語
MARRIAGE

在左手的無名指作出戴戒指的動作。

中國的手語

結　婚

　　作出在結婚儀式上，兩親家面對面打招呼。

西班牙的手語

CASARSE

　　和日本的「約束」記號相同型態。

國際的手語

㈤MARIAGE㈭HEIRAT

　　（法國）（西德）在左手的無名指，作戴戒指的動作。

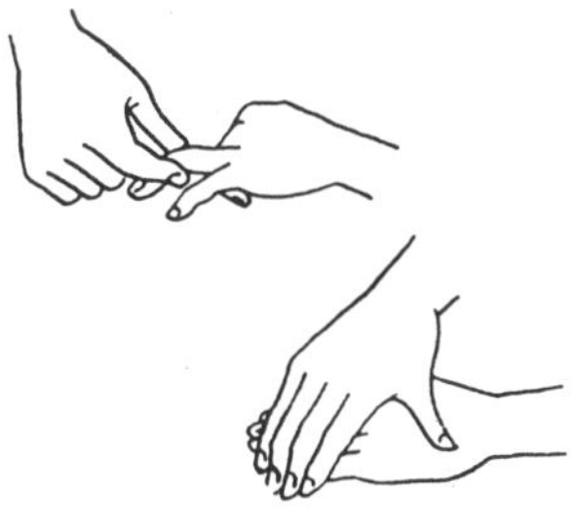

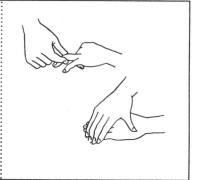

父親

日本手語「父親」，因國家不同，所以對父親的形象也有不同的表示。

日本的手語
父

用食指摸面頰，表示臉相似。

美國的手語
FATHER

把拇指貼在額頭，表示男性（參考P 38 MAN的手語）。

英國的手語
FATHER

把英國手語「F」字型態，用雙手快速轉兩圈。

中國的手語
爸　爸

用手語指示爸爸（ba ba）「B」的發音，把拇指和食指打開貼在下顎。

西班牙的手語
PADRE

基督教首次傳到日本時，神父稱爲「PADRE」。

國際的手語
㊡PÉRE ㊤VATER

（法國）（西德）表示鬍子。

母　親

嬰兒吸母奶的樣子，當作母親使用。

日本的手語
母

用食指搓摩面頰，表示臉相似。

美國的手語
MOTHER

將拇指貼在下巴（或面頰），表示女性（參考P40 WOMAN的手語）。

英國的手語
MOTHER

用右手手語「M」的型態，貼在左手掌上。

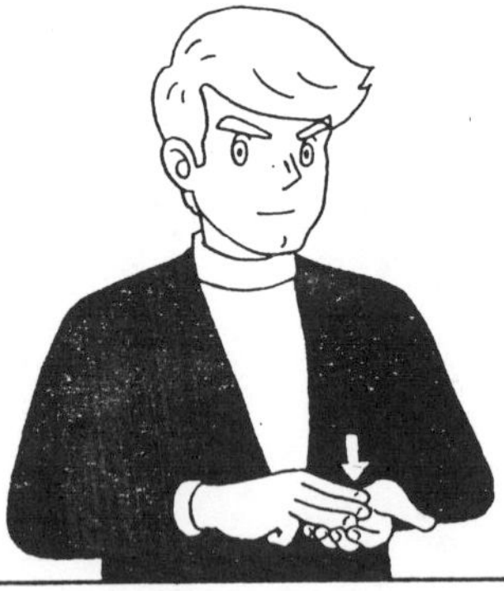

中國的手語

媽　媽

將右手的食指尖和中指尖貼在面頰上，向下面放下來。

西班牙的手語

MADRE

把手指向上打開的手，貼在嘴巴的右邊，以描畫圓圈般拿到左邊。

國際的手語

㊊MÉRE ㊕MUTTER

（法國）（西德）用拳頭在面頰輕輕敲打2次。

男　人

全世界一半以上，以戴帽子的動作表示男人，但也有用鬍子表示男人的國家。

日本的手語
男

拇指表示男人，在手語中並沒有愛人、情夫的表示。

美國的手語
BOY·MAN

表示帽簷。

英國的手語
BOY·MAN

表示下巴的鬍子，這種表示在日本成爲「水戶黃門老先生」。

中國的手語
男　人

用右手把頭髮從後往前撫摸過來。

西班牙的手語
HOMBRE

利用握拳頭時的拇指，作出戴帽子的動作。

國際的手語
㈤HOMME ㈣MANN

（法國）（西德）和美國的手語一樣，表示帽簷。

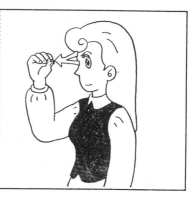

女人

表示女性最簡單的，就是將胸部隆起，這種動作或許能成爲世界共通。

日本的手語 女

用小指表示女人，是「男尊女卑」時代所留下來的動作，在手語中並無女友和情婦的表示。

美國的手語 GIRL·WOMAN

表示無邊帽子的繩帶（在下巴綁起打結的女帽）。

英國的手語 GIRL·WOMAN

和美國的手語相同。

中國的手語

女 人

表示耳環。

西班牙的手語

MUJER

表示耳環。

國際的手語

㈤FEMME ㈣FRAU

（法國）（西德）表示耳環。

姓名

表示文字的姓名，幾乎是共通的，但表現方法卻不同。

日本的手語
名前

作出蓋章的動作。

美國的手語
NAME

不會寫字的人，要寫姓名時，通常會寫上「X」。

英國的手語
NAME

將食指、中指貼在額頭上，向前伸出。

中國的手語
姓　名

　　中國人的姓名，多半是姓一個字、名二個字，所以用3根手指表示漢字3個字。

西班牙的手語
NOMBRAR

　　用雙手表示人。

國際的手語
㈤NOM ㈥NAME

　　（法國）（西德）將食指、中指側向放在嘴巴旁邊，以水平方向向右邊掠過去。

何時

有以時鐘來表示「何時」；也有以讓五根手指作波浪形揮動，表示「何時」。

日本的手語
いつ

把幾月幾日用手指彎曲的動作來表示。

美國的手語
WHEN

時鐘正在旋轉，而旋轉將於何時停止的表示。

英國的手語
WHEN

將 5 根手指貼在臉上，讓手指作波浪形揮動的動作。

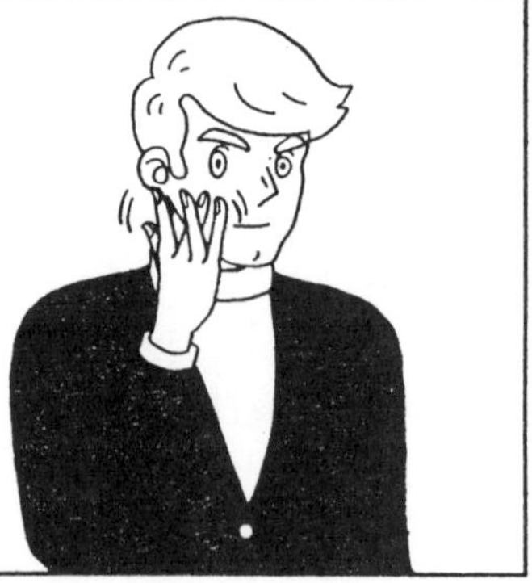

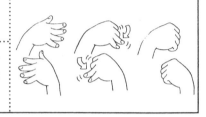

中國的手語
什麼時候

將「什麼」和「時刻」的手語，組合起來使用。

西班牙的手語
CUANTO

右手手指按順序一一彎曲，左手手指也按順序一一打開。

國際的手語
㈤QUAND ㈩WANN

（法國）（西德）將5根手指貼在鼻子下面，作波浪形揮動。

那 裡

要表示地點時，須使用食指，至於指著那個，這個讓食指揮動的情況，幾乎是相同的。

日本的手語
どこで

將「地點」和「什麼」的手語組合起來使用。

美國的手語
WHERE

向左、右兩邊找尋的動作，和日本手語的「什麼」相同型態。

英國的手語
WHERE

將手掌向上的雙手，水平來旋轉。

中國的手語
那 裡

用食指尖作出找尋某些地方的動作。

西班牙的手語
DONDE

手掌向下，水平描畫圓形。

國際的手語

㊰ OÚ ㊱ WO

（法國）（西德）將雙手手掌向上，水平描畫圓圈。

誰

雖以手指的移動來表示疑問的作法各國都共通，但是，將「5W1H」的作法，要貼在何處參差不一。

日本的手語
だ れ

從臉的特徵就知道是誰來了。

美國的手語
WHO

要說「WHO」的時候，以嘴形作表示。

英國的手語
WHO

將食指向上，描畫小圓圈。

中國的手語
誰

同樣是表示疑問的動作，在中國以「誰（WHO）」爲表示方法，但在日本卻使用什麼（WHAT）」。

西班牙的手語
QUIEN

將食指、中指指著前方，邊朝下邊打開。

國際的手語
㈤QUI ㈥WER

（法國）（西德）將食指向上，作描畫的型態。

爲什麼

是一句屬於抽象式的話，因爲各國參差不一，所以，臉部的表情很重要。

日本的手語
なぜ

作出要把意思深深挖掘下去的樣子。

美國的手語
WHY

將同樣的動作，用「Y」字作結束，但是，最後要和「WHY」的聲音連接起來。

英國的手語
WHY

把拇指和食指稍微張開的這隻手，貼在另一邊肩膀的稍下面。

中國的手語

爲什麼

將雙手手掌向下，讓其快速翻轉，就和「什麼」相同。

西班牙的手語

QUE RAZON

和「什麼」相同。

看著圖　　從前面看著圖

國際的手語

(法)POURQUOI (德)WARUM

(法國)(西德)將食指利用手腕轉動。

什　麼

「這是什麼」以疑問的表情，用食指尖揮動來表示。

日本的手語
な　に

這種動作加上有疑問的表情，世界都共通。

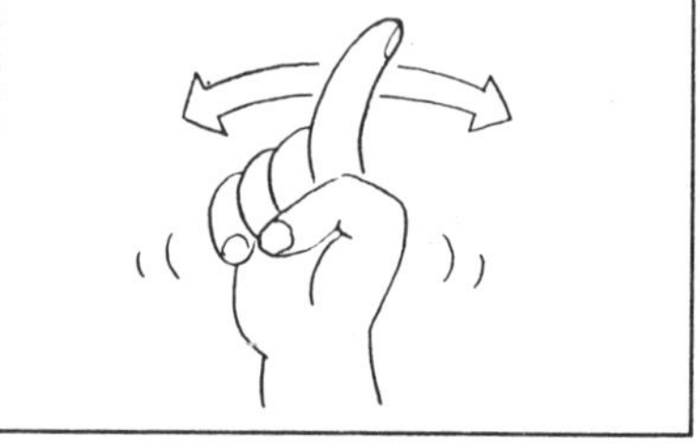

美國的手語
WHAT

「從左手5隻手指中，要選擇那一隻」的意思。

英國的手語
WHAT

和日本的手語相同。

中國的手語

什麼

將雙手手掌快速翻轉過來，和「爲什麼」相同。

西班牙的手語

QUE

用拇指和食指作成圓圈放在胸前，向斜下方揮動兩次。

國際的手語

㊦QUE ㊦WAS

（法國）（西德）和日本的手語相同。

想

用腦思考是人類共通的作法，但表示方法不同。

日本的手語
思う

因爲要用頭「想」，所以必須指著頭，而「思考」時，要用食指作挖掘出來的型態。

美國的手語
THINK

用手指著頭，作出想的表情。

英國的手語
THINK

表示在腦中不停的思考。

中國的手語

想

用食指指著頭部轉動。

西班牙的手語

PENSAR

將5隻手指貼在頭部轉動。

國際的手語

(法)PENSER(德)DENKEN

(法國)(西德)將5隻手指貼在頭上，讓5隻手指作波浪形揮動。

說

表現嘴巴動態的手語和從嘴裏所說出的話，用手指來表示。

日本的手語
言　う

用食指表示話會從嘴裡出來的動作。

美國的手語
SAY·TALK

用 4 隻手指表示話好像不停出來的動作。

英國的手語
SPEAK

用自然的動態，在日本有正在「說話」的意思。

中國的手語

說

和日本的手語相同，但中國話「說話」的意思，所表示出來的卻是漢字的「說」。

西班牙的手語

DECIR

用手指著嘴巴，表示「說」。

國際的手語

(法)PARLER (德)SAGEN SPRECHEN

（法國）（西德）和日本手語的「說」不同，手背面向對方。

去

雖屬於比較容易用肢體語言表示出來，但各國的作法不同。

日本的手語
行く

將食指當作人來表示。

美國的手語
GO

作出表示前進的動作，但用雙手作爲特徵。

英國的手語
GO

和日本的手語相同。

中國的手語

去

用這種型態表示「人」。

西班牙的手語

PARTIR

將雙手握拳放在胸前，向左右打開。

國際的手語

㈤ALLER ㈥GEHEN

（法國）（西德）伸出食指，貼在胸前向前方移動。

來

雖屬於容易表示的動作，但各國各有不同。

日本的手語
来　る

手指向上、向下皆可。

美國的手語
COME

表示接近過來的意思，但用雙手作爲特徵。

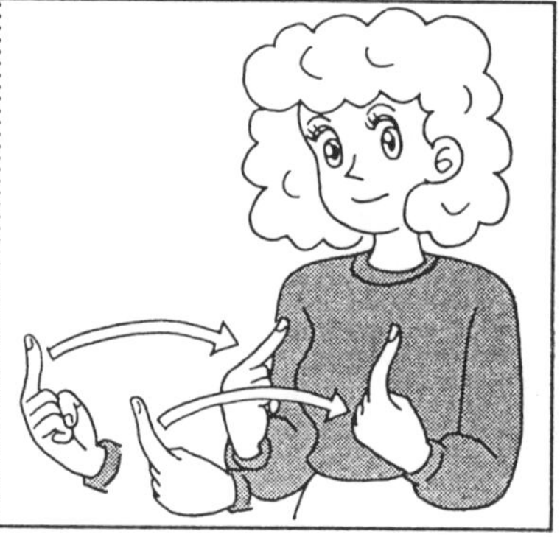

英國的手語
COME

將食指伸直後稍微彎曲，表示接近過來。

中國的手語
來

　用這種型態表示「人」。

西班牙的手語
VENIR

　將「E」的型態當作人，表示接近過來。

國際的手語
㊟VENIR ㊟KOMMEN

　（法國）（西德）和英國的手語相同。

走

走的動作較容易表現，但脚的部位是指何處的表示卻不同。

日本的手語
歩く

表示脚（從腰部以下部份）的移動。

美國的手語
WALK

表示脚（從脚踝以下部份）的移動，和日本的手語相同也可以，因爲英文單字的「foot」是指脚踝以下的部份。

英國的手語
WALK

表示脚（從脚踝以下部份）的移動。

中國的手語

走

現代中國話的「走」，是步行的意思。

西班牙的手語

ANDAR

把要走的地面也表示出來的特徵。

國際的手語

(法)MARCHE (德)ZU FUB GEHEN

（法國）（西德）用兩隻手指來表示走的意思。

愛

「愛」的HEART字屬於歐洲的詞意，但日本和中國是從「愛慕」而來。

日本的手語
愛する

從「寵愛」、「愛慕」的動作而來，如果，表示喜愛女人時，就把左手的小指豎立起來。

美國的手語
LOVE

作出緊抱心臟的動作，不過，須注意一點，手的型態是握著拳頭。

英國的手語
LOVE

緊抱心臟的動作和美國的手語相同，但不同點是把手掌打開。

中國的手語

愛

將握著拳頭的左手拇指，用右手來撫摸。

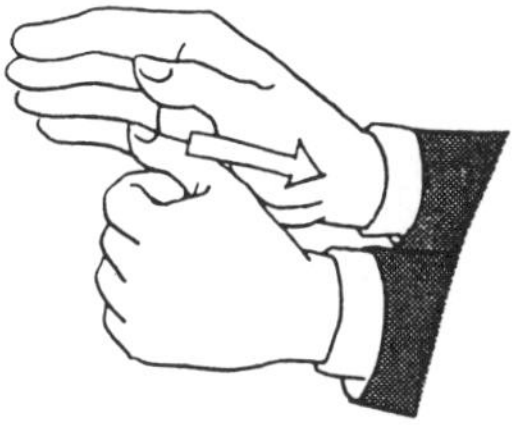

西班牙的手語

AMAR

和英國的手語相同。

國際的手語

㈤AMOUR ㈥LIEBE

（法國）（西德）和英國的手語相同。

美　麗

多半表示臉和肌膚的美麗。

日本的手語 **美しい**	
在手掌上表示沒有任何灰塵的狀態。	

美國的手語 **BEAUTIFUL**	
手的動態是表示臉均勻的樣子。	

英國的手語 **BEAUTIFUL**	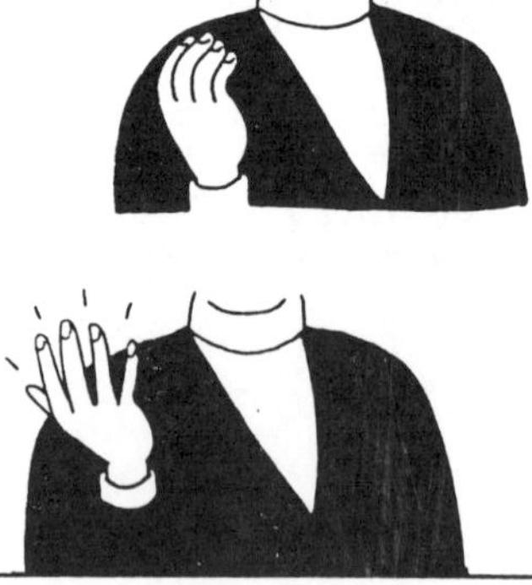
作出花朵怒放的動態。	

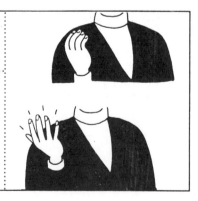

中國的手語

美　麗

　　用「看」和「好」的手語，互相配合來表示。

西班牙的手語

BELLEZA

　　手指張開貼在下巴處，然後放下，呈握拳的狀態。

國際的手語

㈤BEAU ㈥SCHÖN

　　（法國）（西德）和西班牙的手語相同。

昨天

以身體的後方做爲表示，各國都共通。

日本的手語
昨　日

以「1」十「過去」表示昨天（「2」十「過去」表示前天）。

美國的手語
YESTERDAY

美國的手語是用拇指豎立，有時候也把手指作「Y」字的動態。

英國的手語
YESTERDAY

把食指朝向肩膀後面來使用，日本的手語也是相同的動作。

中國的手語

昨天

和英國的手語相同。

西班牙的手語

AYER

和英國的手語相同。

國際的手語

㈤HIER ㈥GESTERN

（法國）（西德）和英國的手語相同。

今天

以手語來說，身體的前面是指未來，後面是指過去，而身體的側邊是指「現在」。

日本的手語
今　日

要強調「今天」，須加強用力壓著的動作。

美國的手語
TODAY

把手語的「Y」字型態，用雙手表示現在。

英國的手語
TODAY

在「昨天」和「明天」的中間位置，將食指往側邊搖動。

中國的手語

今　天

雙手手掌向上的動作，表示「現在」。

西班牙的手語

HOY

用食指指著下面，表示「現在」。

國際的手語

(法)AUJOURDHUI (德)HEUTE

（法國）（西德）　用雙手的食指指著下面，表示「現在」。

明天

以身體的前面表示未來，各國都共通。

日本的手語
明　日

手掌向前，如果伸出2隻手指則表示後天。

美國的手語
TOMORROW

美國的手語不是用食指，而是用拇指伸出。

英國的手語
TOMORROW

手背向前的動作，和日本的手語不同。

中國的手語

明 天

將食指尖貼在額頭，向前移動。

西班牙的手語

MAÑANA

前半段的動作和中國手語相同，但向前移動的寬度較大。

國際的手語

㈤DEMAIN ㈥MORGEN

（法國）（西德）和英國的手語相同。

好

因國家不同而有很大的差別，有的伸出拇指作OK狀，也有的把微笑的表情表現出來。

日本的手語
良　い

鼻子高，就是好的狀態。

美國的手語
GOOD

從「再給我一個好吃的東西」的動作而來。

英國的手語
RIGHT(CORRECT)

英國的手語拇指表示「好」。

中國的手語

好

中國的手語拇指表示「好」，但日本的手語則表示「男性」。

西班牙的手語

BUENO

將稍微彎曲的手指放在嘴巴上，邊打開邊向前移動。

國際的手語

㈫BON ㈹GUTE

（法國）（西德）雖屬於ＯＫ的信號，但是，必須注意，有時會成爲禁忌的信號。

壞

將小指伸出，在日本的手語表示「女性」，但在其他國家多半是「壞」的意思。

日本的手語
悪　い

從「鼻子折斷」的型態而來。

美國的手語
B A D

從「東西不好吃」的動作而來。

英國的手語
WRONG

英國的手語小指表示「壞」。

中國的手語
壞

中國的手語小指表示「壞」。

西班牙的手語
MALO

將手掌打開的右手拇指，貼在胸部的左邊，向前移動 2 次。

國際的手語
㈤MAUVAIS㈤SCHLECHTER

（法國）（西德）和日本的「壞」，是相同的型態。

新

表示發亮的型態，各國都共通。

日本的手語
新しい

從新物品會發亮的表情而來。

美國的手語
NEW

表示翻新頁的作法。

英國的手語
NEW

左手手背用右手來削的動作。

中國的手語
新

新物品的「表面」是「好」，但中國的手語拇指表示「好」。

西班牙的手語
FRESCO

將雙手握拳放在身體的兩側，然後在胸前碰在一起。

國際的手語
㈥NEUF ㈯NEU

（法國）（西德）將右手背用左手掌來向上摩擦。

舊

用「皺紋綁在一起」或「下巴的鬍子很長」表示年老。

日本的手語
古 い

年老的鼻子上有皺紋出現的情況。

美國的手語
OLD

下巴的鬍子很長，是老年人的表示。

英國的手語
OLD

將食指端和中指端貼在鼻子上面，向下面放下來。

中國的手語

舊

從舊東西的「表面」是「壞」的意思而來，中國的手語小指表示「壞」。

西班牙的手語

VIEJO

和美國的手語相同，用拳頭由下巴往上推，表示老年人的面相。

國際的手語

㈶VIEUX ㈹ALT

（法國）（西德）和西班牙的手語相同。

學　校

學校教科書上的動作來表示。

日本的手語
学　校

從唸書作功課的動作而來。

美國的手語
SCHOOL

從老師爲了引起學生的注意，做出打手掌的動作而來。

英國的手語
SCHOOL

從老師要引起學生注意而來。

中國的手語

學　校

　　作出看書學習的型態，另外加上房子的屋頂型態。

西班牙的手語

COLEGIO

　　作出要唸書的型態，並用小孩長大的情形來表示。

國際的手語

(法)ECOLE (德)SCHULE

　　（法國）（西德）以老師上課的場所來表示。

醫院

醫院的手語分為兩種，一是作出把脈的動作；一是紅十字的記號。

日本的手語

病　院

作出把脈動作表示醫生，其次作出建築物的型態。

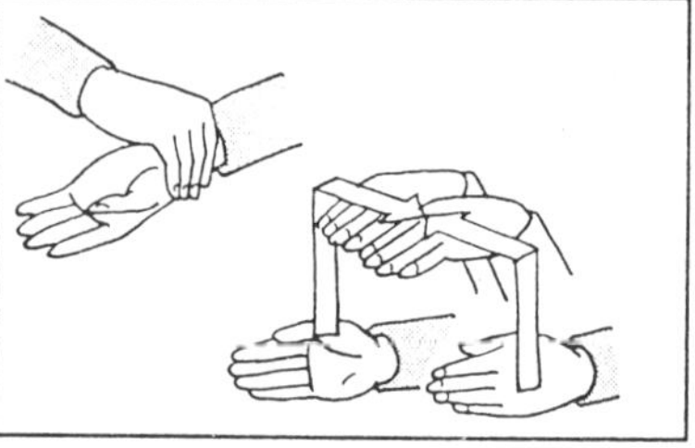

美國的手語

HOSPITAL

作出手臂戴有紅十字臂章的記號。

英國的手語

HOSPITAL

作出把脈的動作。

中國的手語

醫　院

在額前表示出紅十字記號，另作出建築物的型態。

西班牙的手語

HOSPITAL

將手語「A」字的拇指前端，貼在手臂向下揮動2次。

國際的手語

㈤HÔPITAL㈥KRANKENHAUS

（法國）（西德）和美國的手語相同。

危險

用危險逼過來的對象物來表現；或用當時的心情來表現，這兩種手語的表現不同。

日本的手語
危　險

從「要注意危險哦！」的動作而來。

美國的手語
DANGER

作出被小刀刺中的樣子。

英國的手語
DANGER

從頭上有危險物逼過來的樣子而來。

中國的手語
危險

作出用手掌輕拍胸部的動作。

西班牙的手語
PELIGROSO

作出「看」的記號後，再把拇指和食指作出的圓圈，向下動2次。

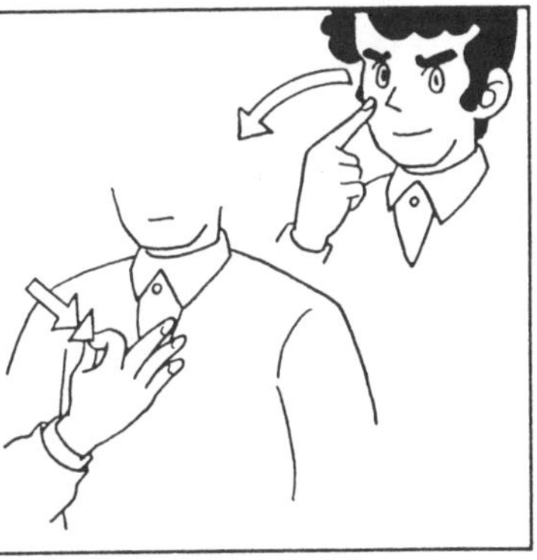

國際的手語
(法)DANGER (德)GEFAHR

（法國）（西德）和英國的手語相同。

世　界

描畫地球的形狀，但描畫方法各有不同。

日本的手語
世　界

表示地球的球體。

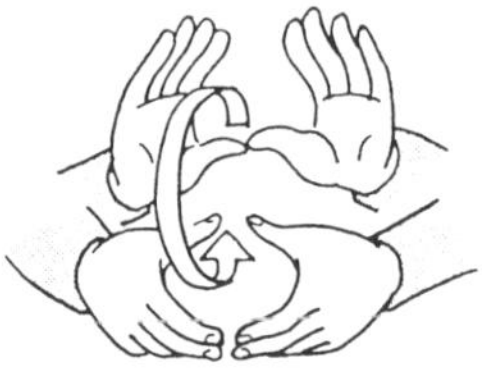

美國的手語
WORLD

用手語的「W」字，描畫環繞太陽軌道的地球。

英國的手語
WORLD

表示地球的球體。

中國的手語
世　界

在左手拳頭的旁邊，用右手表示球體。

西班牙的手語
MUNDO

用雙手描畫圓圈。

國際的手語
㈤MONDE ㈥WELT

（法國）（西德）和西班牙的手語相同。

和平

把和平用「寧靜」的動態來表示，各國都共通。

日本的手語
平　和

用雙手表示平坦。

美國的手語
PEACE

將雙手互握表示「調和」，並把雙手打開表示「寧靜」。

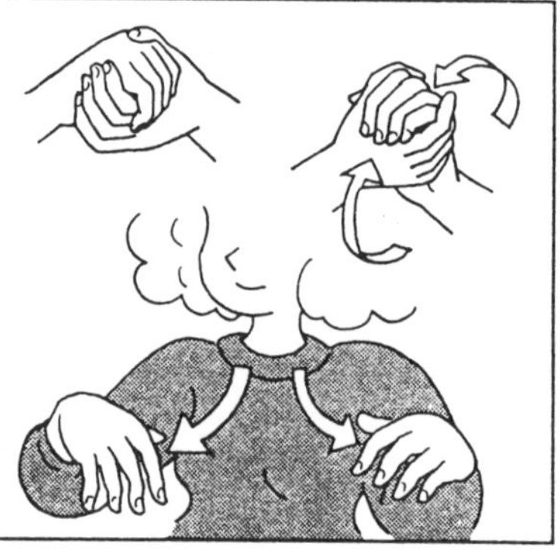

英國的手語
PEACE

將雙手貼在一起，作手語「F」字的型態，並把拇指相貼，向水平拉開。

中國的手語
和平

將漢字的「和」與「平」，用手表示出來。

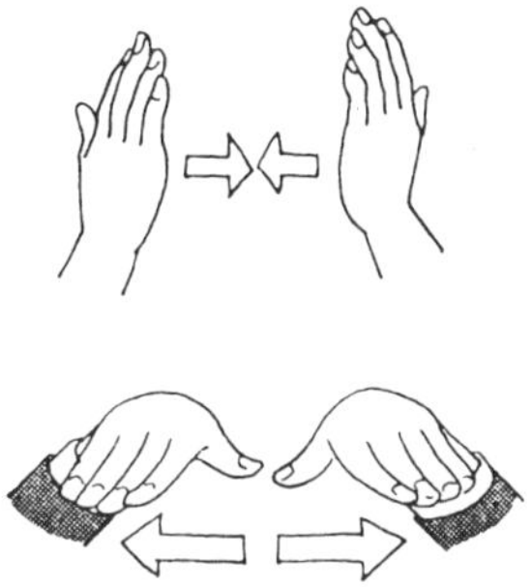

西班牙的手語
PAZ

用手語的「Y」，以描畫河川水流般的動態，向斜下前方移動。

國際的手語
(法)PAIX (德)FRIEDEN

（法國）（西德）將打開的雙手在手腕上交叉，然後將雙手向斜下方拉下。

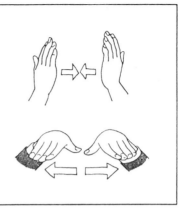

手　語

雙手面對面旋轉是共通的，但手的型態卻參差不一。

日本的手語
手　話

用作手語時，雙手如圖所示旋轉。

美國的手語
SIGN

和日本的手語相反，讓雙手向自己面前旋轉。

英國的手語
SIGN

用打開雙手來表示。

中國的手語

手　語

讓雙手的手指稍微彎曲前後移動。

西班牙的手語

MIMICA

讓手指向上的手掌，面對面來旋轉。

國際的手語

㊄SIGNE ㊅HANDALPHABET

（法國）（西德）雙手如圖所示地旋轉。

聾

聽不到就是要把耳朵掩起來，但掩的動作各有不同。

日本的手語

ろう

把耳朵掩住表示聽不到。

美國的手語

DEAF

表示塞住耳朵。

英國的手語

DEAF

用 2 根手指塞住耳朵為其特徵。

中國的手語

聾

用表示「壞」的小指，貼在耳朵上，中國的「龍」簡寫是「龙」。

西班牙的手語

SORDO

和日本的手語相同。

國際的手語

(法)SOURD (德)GEHÖRLOSEN

（法國）（西德）和英國的手語相同。

謝謝

表示感謝的手語型態不同，但表情萬國共通。

日本的手語
ありがとう

從相撲選手作出切手刀得到獎金的作法而來。

美國的手語
THANK YOU

將話好像從嘴裡說出來的樣子。

英國的手語
THANK YOU

和美國的手語相同。

中國的手語
謝　謝

握著拳頭，讓拇指作２、３次的伸曲。

西班牙的手語
GRACIA

用拇指和食指貼著喉嚨。

國際的手語
(法)MERCI (德)DANKE SCHÖN!

（法國）（西德）用雙手表示美國手語的THANK YOU。

專欄

台灣的手語

台灣的手語和日本的手語約有65％的共通性。台灣在甲午戰爭之後的一八九五年，成爲日本的殖民地，所以，當時台灣的盲啞學校也有日本語的教育，因此，台灣的手語和日本的手語有很高的共通性。然而，台灣南部所教導的手語卻和中國大陸不同。

韓國的手語

韓國在一九一〇年成爲日本的殖民地，所以，現在日本和韓國基本語的手語，約有65％的共通性，但和韓國地名、風俗（如料理、習慣等）有關的手語，卻成爲韓國特有的手語。和台灣一樣，韓國人也有獨創手語的覺醒，所以，不久的將來，預料會有很大的變化。

只要懂得台灣的手語，到日本或韓國旅行時，和聾者之間的溝通就不會有太大困難。

世界手語的書籍

中國大陸

『聾啞人通用手語圖』 中國盲人聾啞人協會編

B16開二〇〇頁分第一集、第二集、第二集二册，在一九七九年發行

採取拼音（中國式羅馬字拼法）的方法，約有二〇〇〇句按A、B、C順序排出，在第二集的後面有主題別的索引。

中華民國

『手能生橋』 中華民國聾人手語研究會

B16開二八八頁，中華民國68年第一版發行

中華民國的手語是日本統治台灣時所遺留下來，所以，和日本的手語共通性很高。本書使用圖解和點字手語表記的記號，在卷末有手語表記記號的索引，因此，相似型態的手語可從索引中找出。另外，又附帶漢字總字劃的索引和英文索引，所以，對於手語可從各角度來找尋。

泰國

『THE THAI SIGN LANGUAGE DICTIONARY』

National Association of the Deaf Thailand

Ａ８開三八四頁，收錄字句約二〇〇〇句，一九八六年發行

本書採用泰語和英文寫作，以英文標題刊行，但解說文、索引以及手語的說明，是用英文和泰文編寫，因此，如果懂得英文，也能學習泰國的手語。

手語用主題別排列，對於一種音聲語儘可能以多種手語的型態作說明，例如，相當於英文的ability 用「improve in knowledge」「loss of hearing copability」「to loss speach」這三種英文解說出來。

國際手語

『GESTUNO—聽力障礙者的國際手語』（日文版）

世界盲啞聯盟手語統合委員會　日本聽力障礙新聞　翻譯

Ａ16開橫，一九七九年發行，收錄語數約一五〇〇句

從東西的型態及人的動作所模仿創造出來的手語很多。由此點看來，外國的手語比較容易懂，因此就算耳朵正常的人，在美國想用英文與人溝通，反而不如聾者用手語與人溝通來的順利。但屬於抽象的話語時，雖然有各國手語的特徵，也不一定能成爲世界共通。有鑑於此，聾者國際會議就透過手語圖像式的特徵創造出『GESTUNO』，同時也發行英文版和法文版。而日文版是從英文版翻譯過來並加以說明，例如，一句手語，用英文、法文、日文表示並附帶各語文的索引。

第2章

美國
手語入門

美國手語入門

對於雙親皆爲聾者的美國聾者而言，美國的手語等於是他們的母語，同時也負起把美國聾者的文化傳誦下去的責任。另外，對雙親皆非聾者的美國聾者而言，美國的手語也是他們主要的語言。

美國的手語是從聾者的文化，以及聾者的價值觀和經驗累積創造出來的，所以，它也具有和聲音語言相同的功能。

本書雖只介紹少數幾個美國手語的實例，但有關手語的實例在插圖中也有介紹。在此只將美國手語的特性作簡單說明。因爲，手語文法和聲音語言文法有不相同的獨特體系，所以，如果用聲音語言的尺度來測量手語的文法，就無法了解手語的特性，因此，對下面的說明，希望以手語文法的觀點來探討。

1 語法

美國手語的語法，和聲音語言比較起來較緩慢，例如，相當英文的"My father go to college by car."的表達，如果用美國的手語表達時，就有下面6種可能（""內的是英文，【】則表示美國手語的單字）：

1）【FATHER】【GO】【COLLEGE】【CAR】
2）【FATHER】【COLLEGE】【GO】【CAR】
3）【FATHER】【CAR】【GO】【COLLEGE】
4）【FATHER】【GO】【CAR】【COLLEGE】
5）【FATHER】【COLLEGE】【CAR】【GO】
6）【FATHER】【CAR】【COLLEGE】【GO】

雖然語法不同，但臉部的表情和方向、脖子和身體的方向，前面手語單字和後面手語的表現位置等的補助手段，卻可以表示出同樣的意思。相反地，雖然語法相同，但補助手段的位置不同，所表示出來的意思也會不同。

2 簡略性

要把詞意相同的文章表達出來時，美國手語和聲音語言比較起來，單字的數量較少，因此，和單字語言比較起來，手語在比手劃脚時，必須花費更多的時間。例如：

"I am glad to see you."（很高興見到你）【GLAD】【SEE】

3 反覆性

將「很多」用副詞表達時，就把屬於「很多」的對象「船」反覆表示。一般來說，聲音語言用副詞來表達的時候，手語就用表情反覆的比手劃脚和手語的表達功夫表示出來。例如：

"I saw many ship."（我看到了很多船）【SEE】【SHIP】【SHIP】【SHIP】

另外，爲了強調相同的手語，在文章的前面和後面會反覆介紹出來。

4 確定

"You must to be Miss. LEE."（的確是李小姐！）

【YOU】【NAME】【L·E·E】（【L·E·E】用手語文字表示）

5 修飾

"I have to buy some film here."（我要在這裡買底片）

【WANT】【YOU】【PICTURE】【BUY】【MUST】【HERE】

6 附帶說明

對於不了解字句意思的聾者，要把說明這句字句意思的手語附帶上去。

"I went to Hiroshima last week."（我上週到廣島去）

【GO】【LAST】【WEEK】【H·I·R·O·S·H·I·M·A】【FAMOUS】
【CITY】【AGO】【AGO】【WAR】【ATOM-BOMB】【MANY】
【PEOPLE】【DEAD】【DEAD】【FAMOUS】

7 同時性

聲音語言無法同時作兩種發音，但手語因爲左、右手都能使用（也可以把手放在某一位置）

，所以，一次可以作兩種手語，這種手語稱爲同時性。

美國的手語和日本的手語比較起來，使用同時性的機會較少，而同時性的使用也因個人有所差別。例如：

“I got up in the morning and I went to him with my car while he was sleeping.”

（我早上起床後，坐車到還在睡覺的他那邊去）

【I】【MORNING】【GET-UP】［左手【CAR】【GO】
右手【HE】【SLEEP】］【ARRIVE】【I】

8 臉的表情

用手表達手語時，也要利用臉的表情把意思附加上去，例如，不使用【NOT】的手語而只是搖頭時，就表示【NOT】的意思。

“I don’t read this book.”

《搖頭》

【I】【READ】【THIS】【BOOK】【I】

最後的【I】要反覆強調。

除此之外，美國手語的特性還有很多，本書會在具體的例子中說明。

問候—1

英語 Hello!

你好。

Hello

你好

（美國最普遍的動作。）

英語 Good bye!

再見。

Good bye

再見

（把動作反覆作2～3次。）

英語 How are you?

你好嗎？

How are you ?

如何 是 （你） 嗎

（也有打開雙手敲打胸部，再把拳頭向前伸出的「你好嗎？」，和「How are you?」相同型態。）

問　候——2

英　語　I'm fine!

我很好。

I　　am　　fine

我　　是　　很好

（am可以省略。）

英　語　Thank you.

謝謝。

Thank you

（用這種動作表示「Thank you」。）

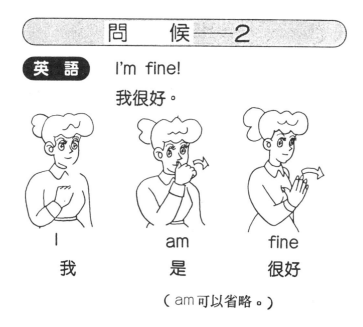

問　候——3

英　語　You are welcome.

不客氣。

You　are　welcome

（光用 welcome 表示也可以。）

英　語　Excuse me.

對不起。

Excuse　me

（要把石板打掃乾淨的動作，在英文裡如果是「wipe the slate clean」時，就有要把過去放棄的意味。）

問　候──4

英　語　I'm sorry.

對不起。

I　　　am　　　sorry

（多半只是表示 sorry。）

英　語　Please.

請

please

（heart 是表示很高興。）

問候——5

英語 Good morning.

早安。

good

好

morning

早

（morning是太陽從地平線昇上來的情況。）

英語 Good night.

晚安。

good

好

night

夜晚

（night是太陽沈沒到地平線下的情況。）

問　候——6

英 語　I'm very glad to meet you.

很高興看到你。

I

我

very

非常

glad

高興

meet

看到

you

你

（very 用雙手作「V」字型態進行 much 的手語時，to不必特別表示出來，meet 和日本手語的「見面」相同。）

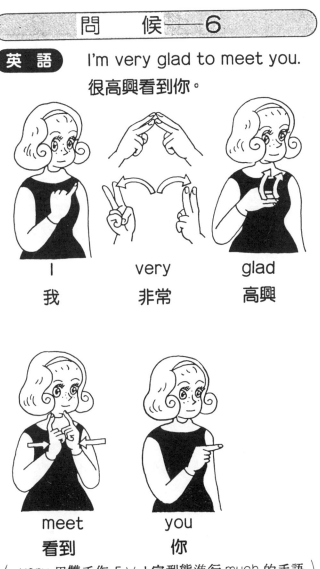

問候——7

英語 Please remember me to your mother.

請代我向你的母親問候。

please

請

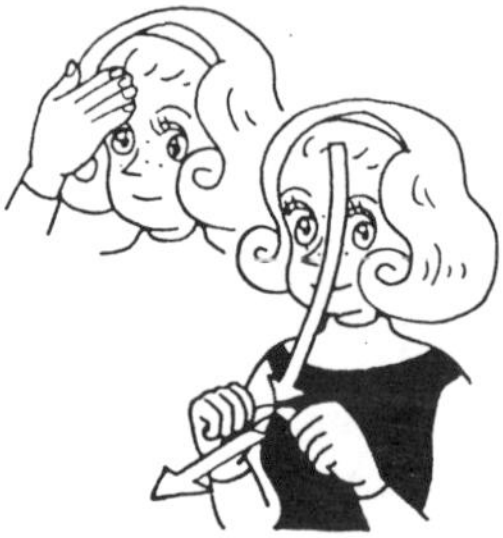

remember

代替

me

我

your

你的

mother

母親

please

請

（to 不須特別表示出來，將 please 加在文章的後面時，就表示問候，而要表示「 your 」的所有格時，就把手掌打開，手指併攏來使用。）

問　候——8

英　語　Thank you for your help.

謝謝你的幫忙。

thanks
謝謝

for
爲了

me
我

your
你的

help
幫忙

（for 是心中對對象物的想法。日本的手語「幫忙」是向前推出，而 help 是往上推起。）

介紹——1

英語 I'm learning sign lanuage now.

我現在在學習手語。

I　　learn　　sign

我　　學習　　手語

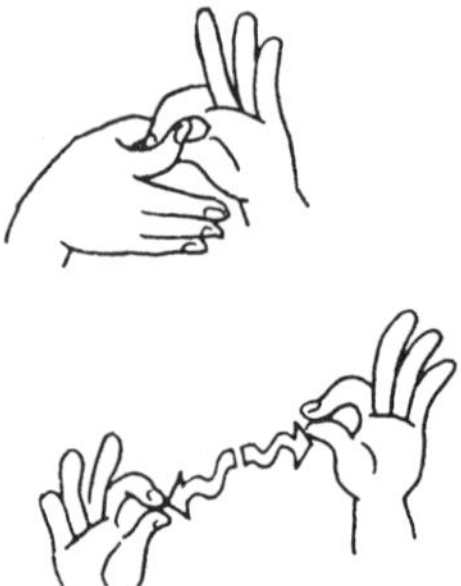

language

語言

now

現在

（雖然沒有把現在進行式特別表示出來，但加上 now 就知道是現在。）

介紹——2

英語 Sign slowly, please.

請用手語慢慢的講。

please

請

you

你

sign

手語

slow

慢慢的

（please 的位置在英文也好，手語也好，放在文章的開頭或後面都可以，另外，在文末加上 you 的情況也很多。）

介紹——3

英語 I'm a student.

我是學生。

I　　learn　　(agent)

我　　學習　（表示人的結尾語）

（用 learn 和人的結尾語來表示學生。）

英語 I graduated last year.

我去年畢業了。

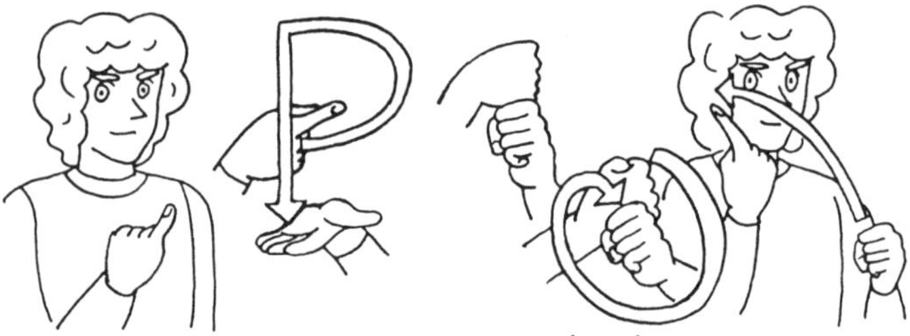

I　　graduate　　last year

我　　畢業　　去年

（如果有 last year 表示過去的語句時，就成爲過去式。）

介　紹——4

英 語　I go to college.

我在上大學。

I　go　college

我　上　大學

(college 的語源是指比普通學校更高一級的意思。)

英 語　I major in English.

我專攻英文。

I　major　English

我　專攻　英文(英國)

(English 是將交錯的手放鬆，表示英國人的習慣。)

介　紹——5

英　語　He is a teacher.

他是一位老師。

man　　he　　teach

男　　他　　教

-er (agent)

（表示人的結尾語）

（如果，「他」有在場時，he就是指「他」，但如果這地方沒有人時，就是指沒有任何人的空間。）

介　紹——6

英語 He hopes to compete in the Olympics.

他希望能在奧運出場。

he
他

hope
希望

compete
競爭

in
在

Olympics
奧運

介紹——7

英語 Your baby is very cute.

你的嬰兒很可愛。

Your
你的

baby
嬰兒

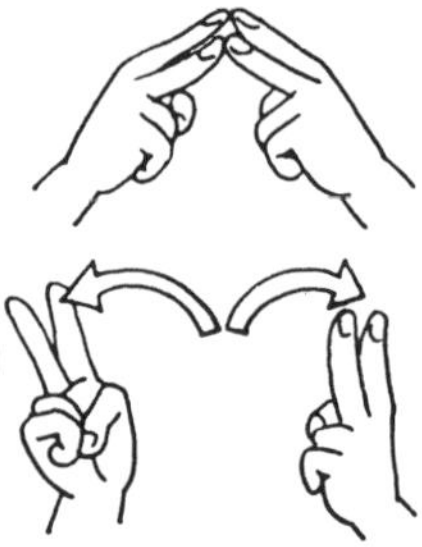

very
很

sweet
可愛

（baby 是抱著嬰兒要時的自然手語，而sweet是把「很好的味道」轉變爲「可愛」的意思。）

介　紹——8

英語 Tomorrow I will give you the book.

我明天把書拿給你。

tomorrow　　I　　give

明天　　我　　給

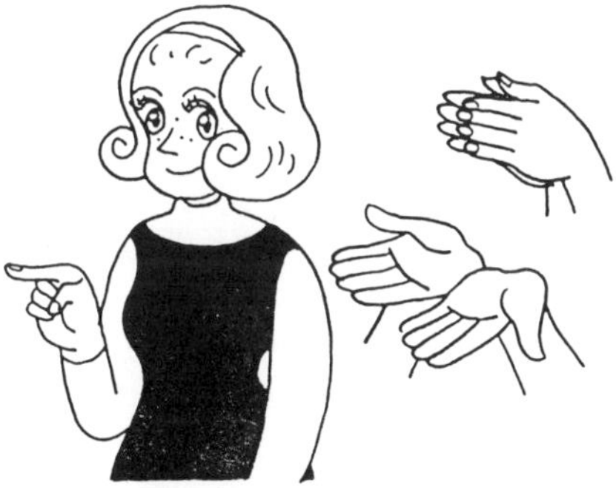

you　　book

你　　書

（tomorrow是表示未來，而 will 並沒有特別表示。）

詢　問──1

英語　Are you hearing?

你是健聽者嗎？

are　you　speaking　?

你　能說　嗎？

（將「聽得到」用「能說嗎」的手語來表示。）

英語　Are you deaf ?

你是聾者嗎？

are　you　deaf　?

你　聾　嗎

（「聾」就是表示「耳朵」「堵塞著」。）

詢　問——2

英語　What time is it?

現在是幾點？

What
幾

time
點

is

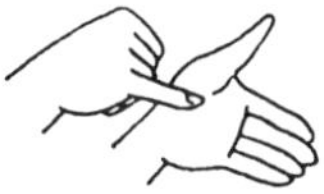

it

?
呢

（光用「What time ?」也可以，而 What 是表示 5 根手指中是指那一根呢？。）

詢　問──3

英　語　Do you remember my name?

你還記得我的名字嗎？

you

你

remember

記得

my

我的

name

名字

you

你

（在單純的文章時，主格代名詞在文末也要反覆出現。）

詢　問——4

英　語　Yes, I do.

是的，還記得。

Yes
是的

I
我

remember
記得

I
我

（英文使用助動詞的do，而美國手語和日本手語一樣，都將詢問文中的動詞反覆使用。）

詢 問——5

英語 No, I don't.

不，記不得了。

No　　I　　not

不　　我　　沒有

remember　　I

記得　　我

（否定句的時候，須使用No和not，但是，將No和not同時使用，就變爲強烈的否定，因此，not要放在動詞的前面。）

詢　　問——6

英　語　Where is your car?

你的車子在那裡？

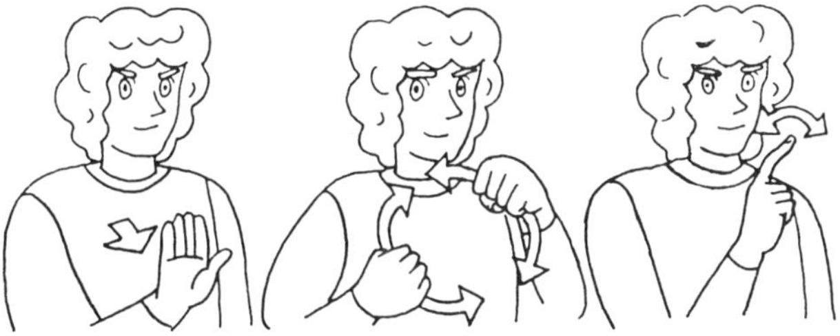

your　　car　　where

你的　　車子　　那裡

（要表示 WH 的疑問時，將肩膀收縮、頭稍微往前動，看著詢問的對方。）

英　語　My car is here.

我的車子在這裡。

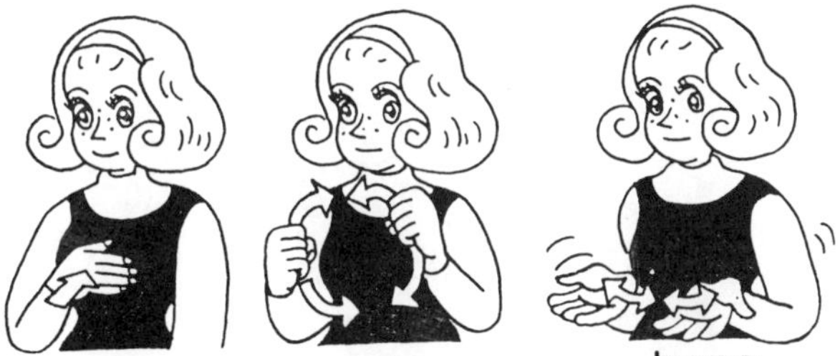

my　　car　　here

我的　　車子　　這裡

（here是表示狹窄的範圍「這裡」。）

詢　問——7

英　語　Your name, please?

你的名字是？

your　　name　　please

你的　　名字

（將肩膀收縮，頭稍微往前動，看著詢問的對象，就表示是 what 的意思。）

英　語　My name is Mary.

我的名字叫瑪麗。

I　　name　　Mary

我　　名字　　瑪麗

（個人的名字，用手語表示的情況很多。）

詢 問——8 名字的例子

英 語 Shakespeare.

莎士比亞。

shake

揮動

spear

槍

(名人屬於特別的手語，通常是一種俏皮式的用法。)

英 語 Gallaudet.

凱洛迪特。

Gallaudet

(是以美國啓聰教育凱洛迪特大學的創始者凱洛迪特，他所戴的眼鏡的鍊子來表示。)

詢　問——9

英　語　Where do you work?

你在那裡工作？

you　work　where

你　工作　那裡

（work 是從鐵鎚敲打鐵砧的動作而來。）

英　語　My work is printing.

我在印刷廠工作。

I　work　print

我　工作　印刷

（美國有不少聽覺障礙者在印刷廠工作。）

詢　問——10

英 語　Where are you from?

你從那裡來？

Where　　you　　from

那裡　　你　　從

（用「 from where? 」也可以。）

英 語　I'm　from Washignton.

我從華盛頓來。

from　　Washington　　I

從　　華盛頓

（文末中的 I ，可以省略。）

詢　問——11

英　語　Where were you born?

你在那裡出生？

where　　you　　born

那裡　　你　　出生

（疑問要用表情來表示。）

英　語　I was born in Los Angeles.

我在洛杉磯出生。

I　　born　　Los Angeles

我　　出生　　洛杉磯

（地名用手語表示的情況很多，例如，洛杉磯市用「L」「A」來表示。）

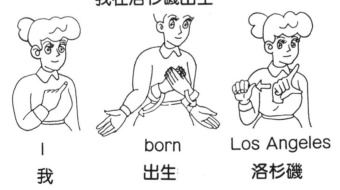

詢　問——12

英　語　Where is the toilet?

化妝室在那裡？

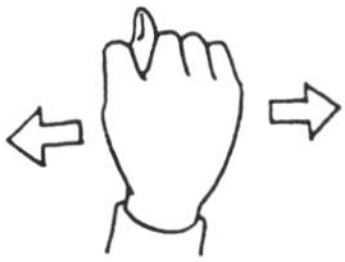

where　　toilet

那裡　　化妝室

（用 Toilet where 的順序也可以。）

英　語　Next room, please.

在隔壁的房間。

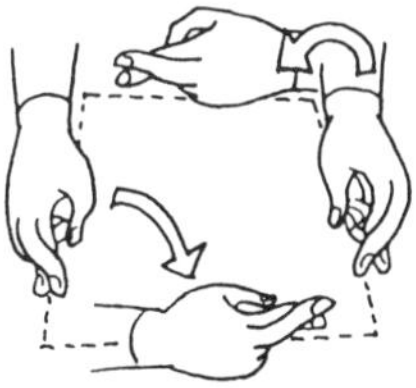

next　　room　　please

隔壁　　房間　　請

（ next 手的指法要對準正確的房間位置。）

飲　食──1

英 語　Did you eat?

你吃飽了沒？

eat　　finish　　?

吃　　完了　　嗎

（有finish的手語時，就表示過去式。）

英 語　I haven't eaten yet.

我還沒有吃。

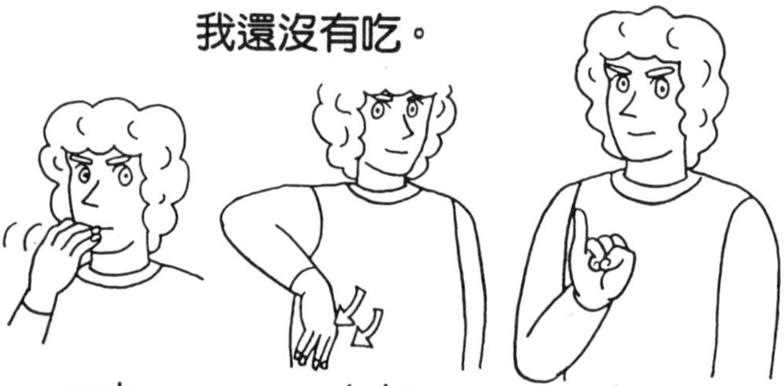

eat　　late　　I

吃　　沒有　　我

（用late表示「還沒—沒有」時，和日本的手語「還沒」相同。）

飲　食——2

英語　Will you go to a restaurant with me.

要一起到餐廳去嗎？

you　I　with

你　我　一起

go　restaurant

去　餐廳

（用手語的「R」作出吃的動作，表示餐廳。）

飲食——3

英語 Certainly, I'd be glad to go.

很高興一起去。

yes

是的

I

我

glad

高興

with

一起和

you

你

（glad 是心情愉快的表示，而 go 可以省略。）

飲　食——4

英　語　What are you going to order?

你要叫什麼？

what　　you　　order

什麼　　你　　叫

eat　　and　　drink

吃　　和　　喝

（order, eat, drink在日本直接通用，而order的作法是要用手指指著叫菜的對象。）

飲　食——5

英　語　Bring me pie.

我叫了派。

I　　pie

我　　派

（pie是從要切派的動作而來。）

英　語　Me, too.

我也一樣。

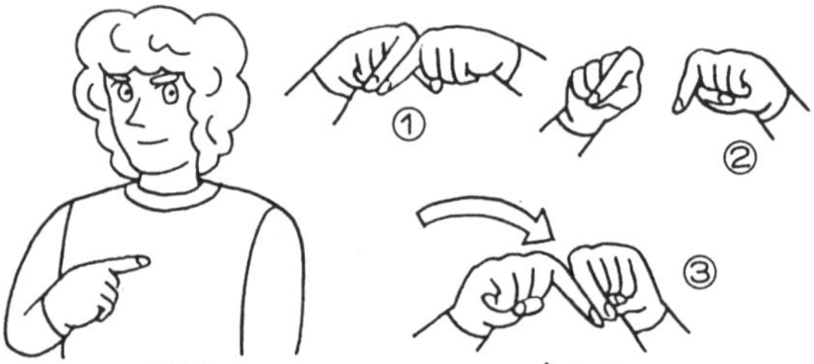

me　　too

我　　也

旅　行——1

英語　What time does the train leave?

這班車幾點開？

what
幾

time
點

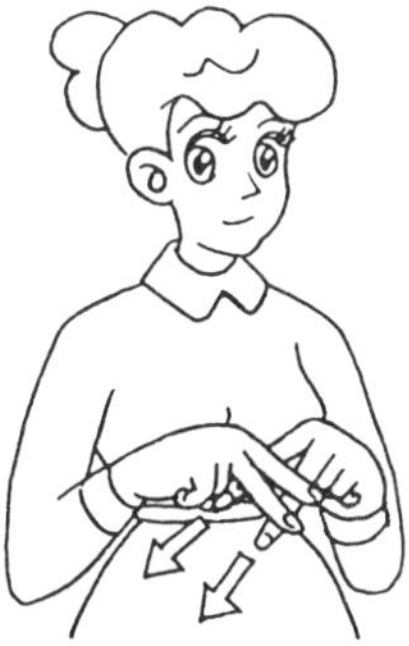

train
火車

start
出發

（time是手錶，train是表示在鐵軌上行駛的情況，而start則表示打開引擎開關讓其發動的動作。）

旅　行——2

英 語　This train depart at 8 o'clock.

8點出發。

start　　8　　time

出發　　8　　時間

（ASL（美國手語）的「8」和日本手語的數詞「8」不相同，這點須注意。）

英 語　Have you bought your ticket?

你買票了嗎？

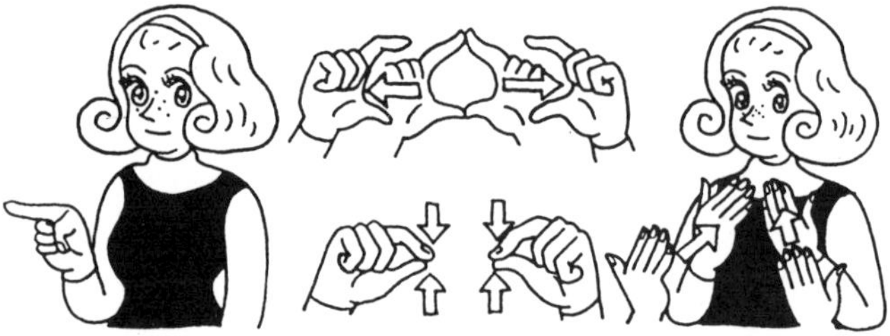

you　　ticket　　have?

你　　票　　有嗎

（要添加疑問的表情時，將眉毛抬高、頭稍微向前傾斜。）

旅　　行——3

英　語　I'm flying to New York tonight.

今晚會到紐約。

I　　fly　　to

我　　飛　　往

New York　　tonight

紐約　　今晚

（New York 用右手以「Y」的型態，作出「new」的手語，而new 就是右手手掌向上的型態。）

旅　行——4

英　語　What time does the airplane arrive?

飛機幾點到達？

what
幾

time
時

arrive
到達

airplane
飛機

（airplane用前頁 fly 的型態也可以，這兩種手語皆表示飛機，但是，如果加上動詞，就成爲「飛行」。）

旅　行——5

英　語　Please fasten your seat belt.

請扣上安全帶。

please
請

fasten
扣上

belt
安全帶

(fasten-belt 具體上只要作出扣安全帶的動作就可以。)

英　語　No smoking.

禁止吸煙。

No
禁止

smoking
吸煙

(吸香煙的手語，日本、美國都共通，是從一種自然的表情而來。)

旅　　行——6

英　語　How long are you staying?

你要住多久呢？

here　　stay　　how

這裡　　住　　多久

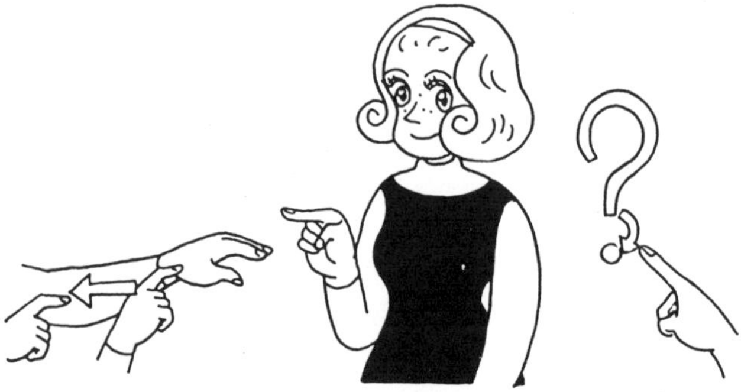

long　　you　　?

長　　你

（how是把手打開，以便能看裡面的情況。）

戀　愛——1

英語　May I introduce myself?

可以自我介紹嗎？

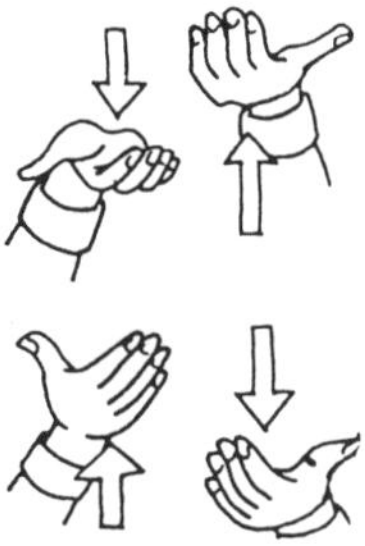

may
可以

introduce
介紹

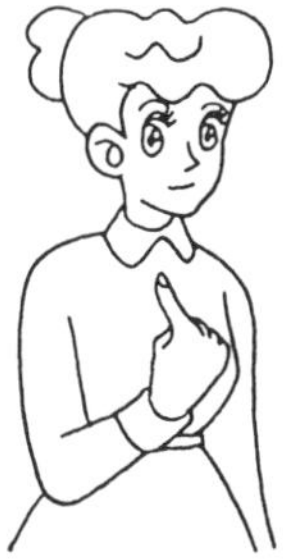

me
我

?

（may是從將兩種東西的重量予以比較的動作而來，而 introduce 是將兩種連接起來介紹的意思。）

戀愛——2

英語 May I ask you out for dinner?

我可以和你一起吃晚餐嗎？

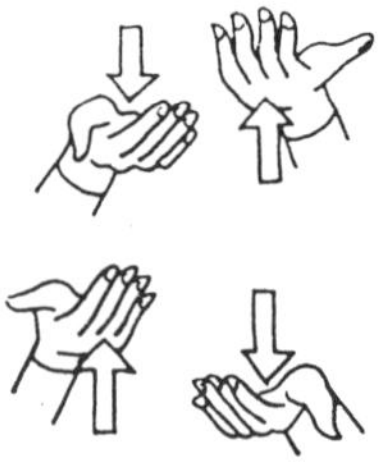

may
可以

ask
和

you
你

dinner
晚餐

with
一起

you
你

（在這裡的ask並不是「問」而是「拜訪」的意思。）

戀愛——3

英語 I'm falling in love with you.

我似乎會愛上你。

I　　fall　　for

我　　陷入　　在

you　　with　　love

你　　對　　戀情

（英文和表示方法不同，須注意。）

戀　愛——4

英語　I love you.

我愛你。

I　　　love　　　you

我　　　愛上　　　你

（love是一種好像要把heart抱住的情況。）

英語　I Love you.

我愛你。

I love you

（不使用「愛」而使用「親愛」的記號時，手語的表達是使用「I」「L」「Y」所組合成的記號。）

戀　　愛——5

英語　I'm all yours.

我的一切都是你的。

I　　all　　yours

我　　都是　　你的

（手張開、併攏手指的動作，就是表示爲面向手掌的人所有。）

英語　I miss you.

我沒有你覺得很寂寞。

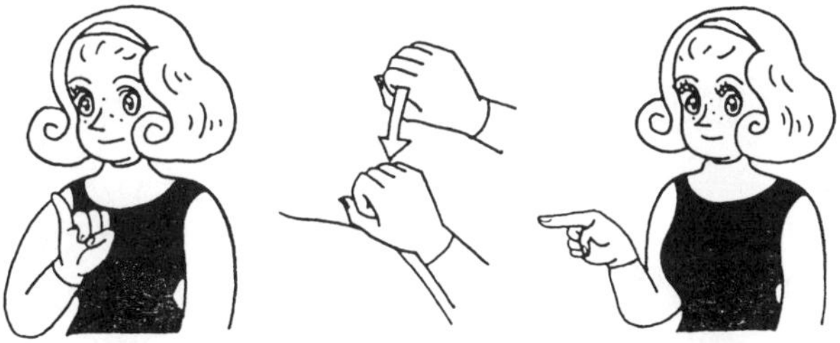

I　　miss　　you

我　　寂寞～沒有　　你

（miss在「失敗」的意思時，是另一種型態。）

戀　愛——6

英語　You make me so happy.

你帶給我幸福。

you

你

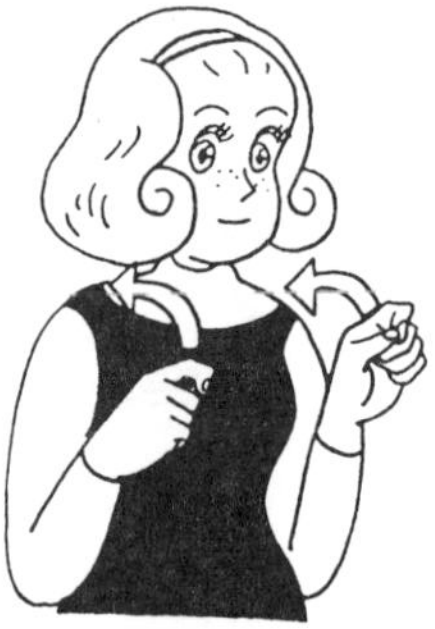

give

給與

happy

幸福

me

我

I

我

glad

高興

（give在這句話中，是表示對方給與自己，而happy和glad的手語雖然相同，但happy的手語也有用雙手來表示的時候。）

戀　愛——7

英語　You are so much to me.

你是我的一切。

you　　　are　　　very

你　　　是　　　相當

much　　　to　　　me

很多　　　對於　　　我

（be 動詞用將食指貼在嘴唇邊向前伸出的型態來表示，但是，如果 am、are、is、be 要分開表達時，就必須分別使用「A」「I」「B」的手語。）

戀　愛——8

英　語　I'll never go out with him.

再也不跟他約會。

never　　with　　him

絕對－不要　　一起和　　他

（never 是描畫圓形時，突然中斷的型態。）

英　語　Don't touch me.

不要碰我。

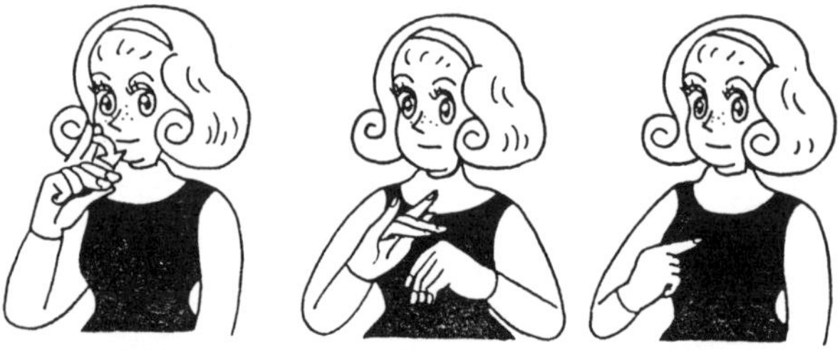

no　　touch　　me

不要　　碰　　我

（NO在一開始，就用「N」表示，並作成「O」的型態。）

戀　愛——9

英　語　I hate him.

我討厭他。

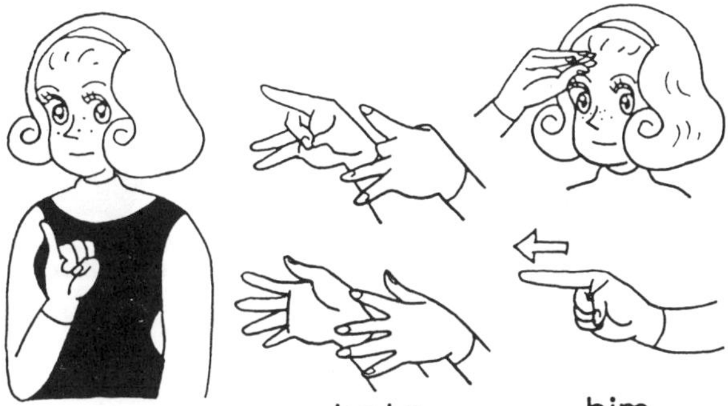

I　　hate　　him

我　　討厭　　他

（hate是從把討厭的東西彈走的動作而來，而加上him「男」的手語時，不須特別表示出來。）

家　人——1

英　語　How many children do you have?

你有幾個孩子?

children　　have　　how many

孩子　　有　　幾人

（撫摸孩子的頭的表示方法，和日本的手語相同。）

英　語　I have two children.

我有兩個孩子。

have　　two

有　　2

（I 可以省略，和日本的手語很相似。）

家　人──2

英　語　Are you married?

你結婚了嗎？

marry　　you　　?

結婚　　你　　嗎

英　語　I'm single.

我是單身。

I　　only

我　　一人

（這種手語在日本也相通。）

家 人——3

英 語 My father is policeman.

我的父親是警察。

my 我的 | father 父親 | policeman 警察

（警察的俚語是 cop，用「C」的型態表示胸部的徽章。）

英 語 Your brother is doctor.

你的哥哥是醫生。

your 你的 | brothr 兄（弟） | doctor 醫生

（醫生的手語和日本相同，而在英文裡，一般都沒有將「兄」或「弟」區別出來。）

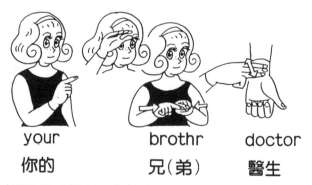

家　人——4

英語　My son wants to be a pilot.

我的孩子自願當飛行員。

my
我的

son
孩子

want
～想

aim
目的

air-plane
飛機

agent
（人）

（want 是作出抓住想要的東西的動作，aim 是一種朝向更高一層的想法的表情，而 pilot 是表示人和飛機的結尾語。）

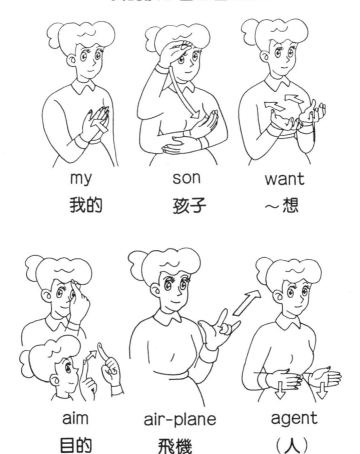

家　人——5

英　語　His daughter works here.

他的女兒在這裡工作。

his
他的

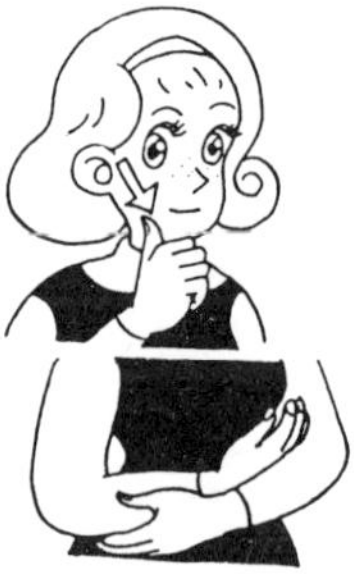

daughter
女兒

work
工作

here
這裡

（daughter 是女嬰的意思，（前頁的 son 是男嬰的意思）對雙親來說，自己的小孩長大後仍然是孩子。）

家　人——6

英 語　Your uncle is farmer.

你的叔父是農人。

your　　uncle　　work

你的　　叔父　　工作

farm　　(agent)

農業　　（人）

（uncle 是將手語「U」字用man的手的位置作表示，而 farm 是從開拓土地的農民所蓄留長鬍子的表情而來。）

家　人——7

英語　My aunt lives in San Francisco.

我的叔母住在舊金山。

my
我的

aunt
叔母

live
生活

in
在

San Francisco
舊金山

（aunt 將手語的「A」字用 woman 手的位置作表示，live 是生命之泉從身體內不斷湧出的表情，而 San Francisco 是用手語的「S」「F」表示。）

家人──8

英語 My sister is younger than I.

我的妹妹比我年輕。

my 我的　　sister 姊(妹)　　I 我

compare 比較　　her 她　　young 年輕

(譯成中文時會覺得不太通順，但因爲英文的sister並沒有把年齡作很正確的區別，所以，這個句子才能成立，不過，跟手語比較起來，手語如果按照單字的語法表現，也無法讓對方了解。)

家　人——9

英　語　Your mother is nice.

你的媽媽很美麗。

your
你的

mother
母親

nice
美麗

（nice和日本的手語美麗相同。）

英　語　Husband
丈夫

husband
丈夫

（表示男性握著手，而女性握著手是表示wife。）

Nephew
姪女

nephew
姪女

（將手語的「N」以man手的位置來作就是姪子，而手語的「N」若是以 woman 手的位置來作就是 niece 姪女。）

各種表現——1　帶有方向的動詞

英語　I am giving you money.

我給你錢。

I

我

I-give-you

（我對於你）給

money

錢

（用give的動作，是表示我對於你，所以，並沒有特別把 you表示出來。）

英語　You are giving me money.

你給我錢。

you-give-me

（你對於我）給

money

錢

（在give的動作中，已包含you和me。）

各種表現——2 把手指當作人來看

英語 The three women came up to me and bawled me out.

有3位女性罵我。

woman　　three　　bawl-me

女性　　3人　　罵我

（用3根手指的動態表示3位女性，而罵的動作因為是向著自己，所以me沒有表示出來。）

英語 Two men passed away.

有2個男子走過去。

man　　用tow的手語

男性　　2

（用手指和臉的動態表示走過去。）

各種表現——3 命令法

英語 Stop it!

停止。

stop it

停止

（和英文的命令法相同，除了要特別強調you時，其餘的皆不表示。）

英語 Give me the stamp.

將郵票給我。

stamp

郵票

you-give-me

（命令是一種一直注視著對方的表情，而give的動作中，已包含you和me。）

各種表現——4 用表情否定

英語 I'm not reading the book.

我並沒有看書。

I　read　book

我　讀　書

I

我

（並沒有特別使用否定的手語，而只是用搖頭、皺眉頭的表情，就把整個情況否定掉。）

各種表現——5　動詞和名詞的區別

英語　meet　見面　　meeting　聚會

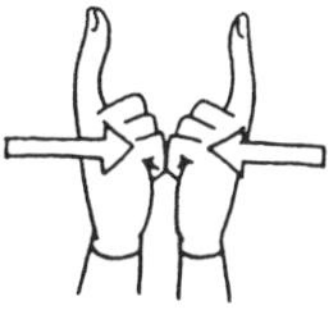

meet
見面

meeting
聚會

（meet是兩人見面的情形，而 meeting 是很多人聚集在一起的情況。）

英語　Lock　上鎖　　Key　鑰匙

Lock
上鎖

Key
鑰匙

（Lock 以大弧度作一次旋轉，key 以小弧度作 2～3 次的旋轉。）

各種表現——6 有的存在

英語 There is a chair.

那邊有椅子。

it
那邊

have
有

chair
椅子

it
那邊

（There is～的構文，美國手語是以have表示。）

各種表現——7 寫實性的表現法

英語 to pass by quickly　to saunter by　Kidney-shape

動作敏捷的情況　蹓躂的情況　腎臟的型態

to pass by quickly　to saunter by　Kidney-shape（桌子等）

（如果能將手的各種動作，全部表現出來，就可將各種動態和型態也表現出來。）

英語 Scallop-rim　outline-rectangle　a dip in the middle

海扇邊緣的型態　大長方形的輪廓　中間凹下去的情況

Scallop-rim　outline-rectangle　a dip in the middle

（波浪形的裙襬）（大張紙的型態）（凹下去的床鋪等）

各種表現——8　時間的表示方法

英　語　minute　2-minutes

分　2分鐘

minute

分

2-minutes

2分鐘

（表示分的手語右手可將數字加上去。）

英　語　hour　3-hours

時間　3小時

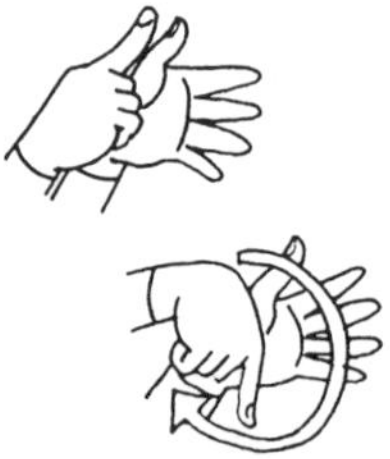

hour

時間

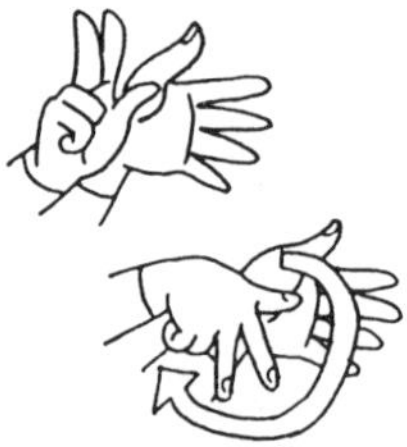

3-hours

3小時

（表示時間的手語右手可將數詞加上去。）

各種表現——9：日的表示方法

英語 day 3-days daily

日 3日 每日

day 3-days daily

日 3日 每日

（表示日的手語中，可將數詞加上去。）

英語 week 5-weeks weekly

週 5週 每週

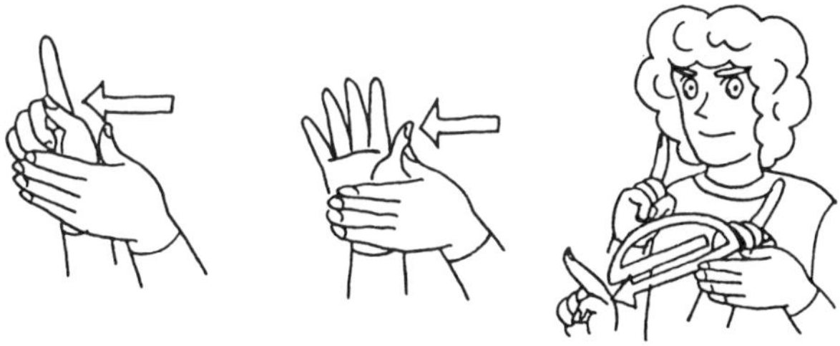

week 5-weeks weekly

週 5週 每週

（表示週的手語，可將數詞加上去。）

各種表現——10　金錢的表示方法

英語　1-cent(penny) 25-cent(quarter) 1-dollar

1分　25分　1美元

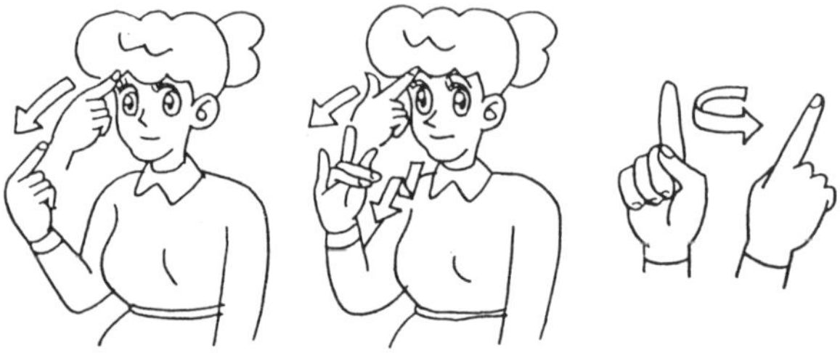

1-cent(penny)　25-cent(quarter)　1-dollar

1分　25分　1美元

（從1美元到10美元，只要將數詞用手腕旋轉就可以。）

英語　5-dollar　12-dollar

5美元　12美元

5-dollar　12　dollar

5美元　12　美元

（11美元以上時，在數詞的後面，要加上美元的手語。）

美國的手語書

AMERICAN SIGN LANGUAGE
—A Comprehensive Dictionary
Martin L.A.Sternberg, Ed.D.

字典　B 16開

厚達一、一八四頁，收錄了五、四三〇句並附帶八、〇〇〇幅以上的插圖和詳細的記述，把手語的動作悉數說明出來。另外，在卷末附帶有義大利語、西班牙語、法語、德語、葡萄牙語、蘇聯語、日語的索引，對這些國家的讀者而言，極爲方便。

The Joy of Singing
Lottie L.Riekehof
GOSPEL PUBLISHING HOUSE　Springfield, Missouri

字典　A 8開　約三四〇頁

著述的開頭是有關於手語的概念，並爲了讓讀者容易學習，分別將家人關係、代名詞、時間、感情等以主題別把手語編列出來，最後附有索引並收錄約二、四〇〇句。

AMESLAN
An Introduction to American Sign Language
Louie J.Fant,Jr.

入門書　B16開

這本書附帶有作者 Fant 本人的照片，是採取 LESSON 形式的美國手語用法作說明，是一本只有一〇〇頁攜帶方便的迷你手册，以入門書來說，是再好不過了。

A BASIC COURSE
IN AMERICAN SIGN LANGUAGE
TOM HUMPHRIES CAROL PADDEN
TERRENCE J.O'ROURKE
T.J.Publisher,817 Silver Spring Ave., Silver Spring
Md. 20910

教科書　B16開　二八〇頁

爲了要學習美國手語，教科書是一種最常被使用的書籍，它的內容是有關美國手語的用法，以LESSON 形式作說明，並介紹了字句約一、四〇〇個，同時也將和聲音語言不相同的手語特徵，詳細說明出來。

THE POKET DICTIONARY OF SIGNING
ROD R. BUTTERWORTH and MICKEY FLODIN
A PERIGEE BOOK　The Putnam Publishing Group
200 Madison Avenue New York, NY10016

是一本新出版的書，約有一九〇頁，收錄了五〇〇句的手語，並附帶有 Memory aid ，所以，能很方便學習美國的手語。

英文手册（英文對答的手法）

在美國除了美式手語外，對耳朵聽不到的孩子們，爲了要教導他們英文的對答手語，不斷的研究，因而創作了一本把英文用手語來表示的書，稱爲（Manual English）。

美式手語是一種依賴視覺的表達方法，所以，和英文的表達、語彙和文法是不相同的。例如，圖中GAS的美國手語，只是表示汽油而已，是採用將汽油灌入油箱內的型態而來；但英文的GAS，卻具有瓦斯和汽油兩種意思。另外，如果將手語的動作加上表情，也可以將相當於英文的句子表達出來。

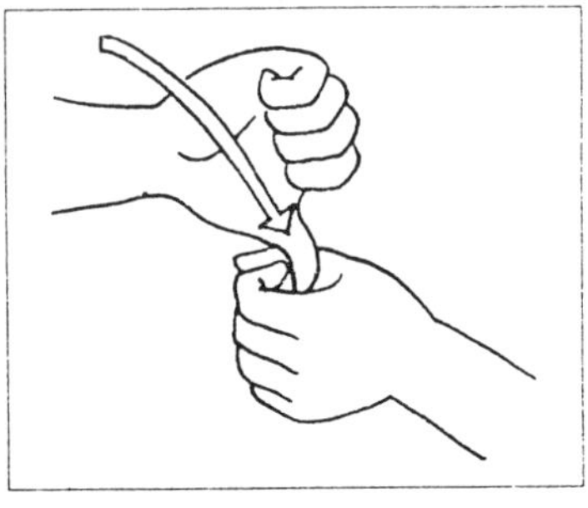

GAS

美式手語具備了手語獨特的文法，所以，和英文的文法無法相對應，如果從教育的立場來說，要教導英文的作法較不合適，因此，英文對答的手語就在以教育的立場爲由，被提議出來。

不過，有人認爲，可以讓聾者在開始學習手語時，教導他們美式手語，但從重聽孩子的雙親大部份是正常的情況來講，要使用獨特的手語，倒不如使用Manual English的手冊，這樣一來，可以讓耳朵正常的雙親和老師更容易學習。

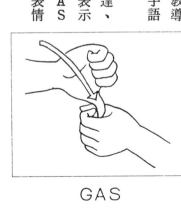

因此，和美式手語比較起來，能在自然的情況下和口語一起學習的優點，就成爲耳朵正常的雙親和老師接受的理由。

以下是Manual English的幾種方式：

SEE 1 (Seeing Essential English)

採用這種方法是爲了讓聾者將英文儘可能利用視覺來接受，以便讓聾者能學習到更多的英文。不過，有不少手語的語彙是採用美式手語，但文法卻和英文一致，而 SEE 1 最大的特徵，就是把英文作型態式（表達意思的最小單位）的分解說明，例如，美式手語的 in, to, into 各用一種手語表示出來，可是在 SEE 1 的 into 卻是以 in 和 to 的手語組合而成，而 beloved 是用 be＋love＋d 3種手語表現出來。

LOVE (Linguistics of Visual English)

LOVE 的手語是爲了讓幼童使用，同時也爲了要和說話的韻律配合而研究出來的，例如，3音節的英文是用3種型態的手語來表示。

SEE 2 (Signing Exact English)

從以上的英文對答手語中，把ＳＥＥ２舉出，詳細說明。

ＳＥＥ２是聾者在學習英文的過程中，爲了能學會語言體系，儘可能的將會話語言、書記語言以一致的式樣爲原則而使用手語。也就是說，有下面兩種含意：

第一種就是要讓英文單字的數量和手語單字的數量一致，例如，英文的「dry up（停止說話）」、「cut it out（停止或不說話）」等慣用語，在美式手語是用「quiet」、「stop」等手語表示，但在ＳＥＥ２時，「dry」、「up」、「cut」、「it」、「out」是用把慣用語的單字組合起來的手語表示。

另一種就是要讓手語單字的意思範圍和英文單字的意思範圍，完全一致才可以，例如，單字run的意思相當多，而美式手語爲了表達這個意思，就用很多不相同的手語單字予以表示，但在ＳＥＥ２中，只是以一個單字的手語表示。如：

The boy will run.　（少年在跑著）
The motor will run.　（馬達在動著）
Your nose will run.　（你流著鼻涕）

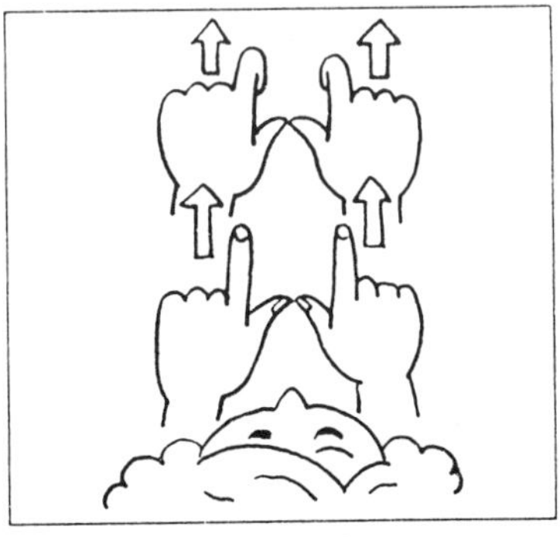

RUN

不過，音、拼字、意思這3種當中，如果有2種以上相同時，就可用相同的手語表示。

run因爲音和拼字相同，唯有意思不相同，所以，要用相同的手語表示，但是，只有拼字相同，而音和意思不相同時，就必須用另外的手語表示，例如：

The wind is blowing.
（風在吹著）
I must wind my watch.
（要扭轉手錶的發條）
（發音上面是〔wind〕，下面是〔waind〕）。

SEE2的特徵是要把文法的要點——連接詞，確實的表示出來。

濃縮型的例子

'D (had, did, would, -ed)

I'd a bad stomachache.
（肚子痛的很厲害）

'LL (will, shall)

I'll be seventeen next birthday.
（這次的生日過後，就17歲了。）

'S（表示名詞的所有格）

a boy's（少年的）

N'T (not的副詞是連接型)

didn't won't

連接詞的例子

-ING

（表示現在進行式）

What are you reading now ?

（你現在在看什麼書？）

-LY

（從形容詞創造出副詞）

loud→loundly

（吵嚷→吵嚷）

-NESS

（表示「性質」、「狀態」等的名詞）

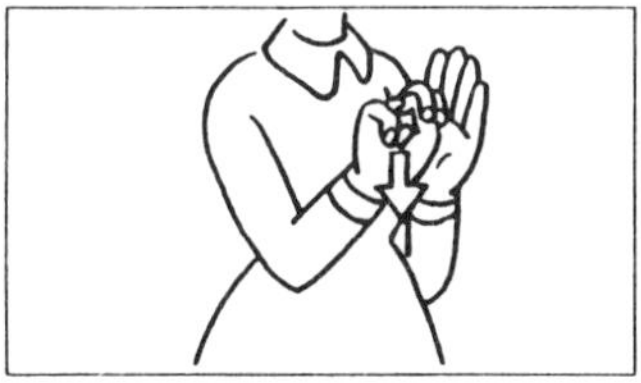

happiness （幸福）

-MENT

（創造「動作」、「結果」、「狀態」等的名詞）

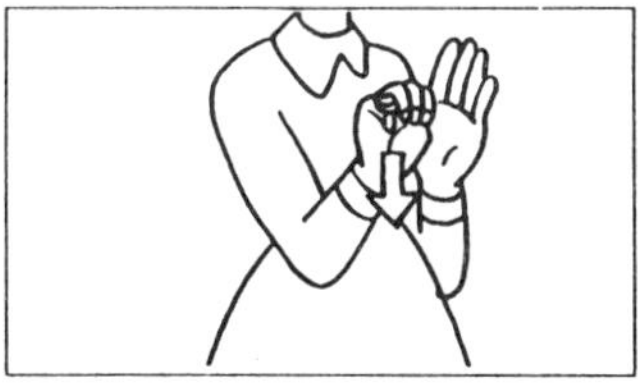

amusement （快樂）

-IST

（創造「～人」、「主義者」等意思的名詞）

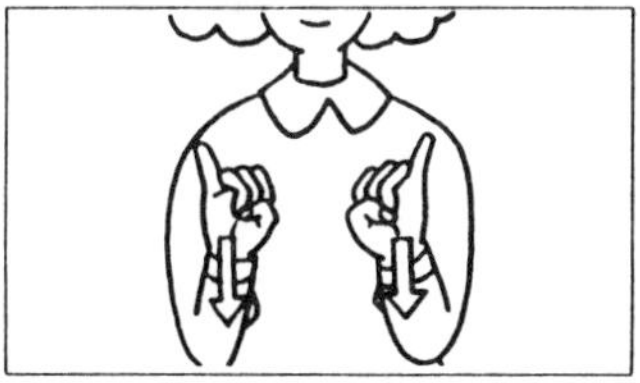

tourist（觀光客）

-LIKE

（附帶名詞而創造形容詞）

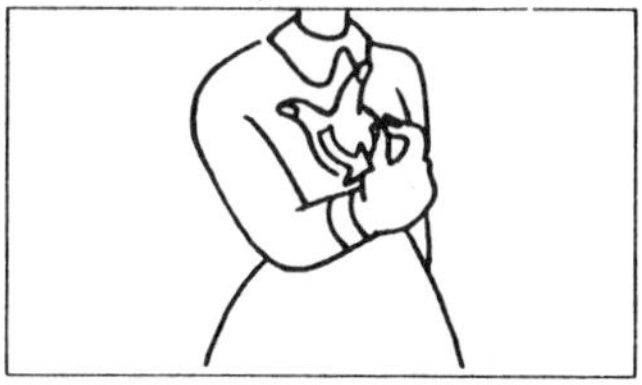

childlike（孩子般）

ＳＥＥ２的手語儘可能從美式手語中採用，而從美式手語中採用的基本手語，可加上手指文字來創造出同義語，進而使用。例如，從美式手語中採用 make 的手語，再加上手指文字的「Ｐ」，另將 produce 加上手指文字的「Ｃ」，創造 create 出來。

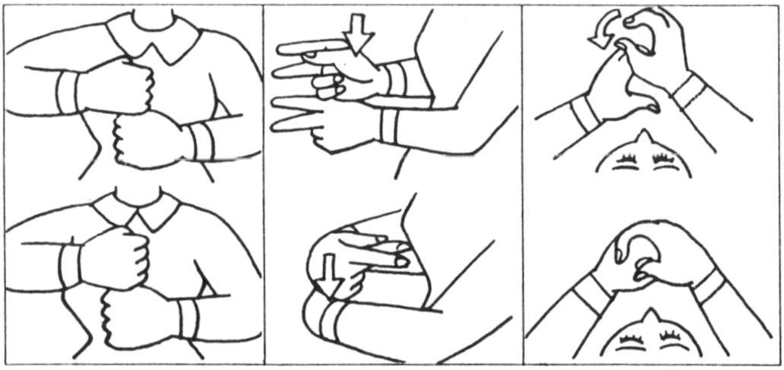

MAKE（製造） PRODUCE（生產） CREATE（創造）

另外，同樣從美式手語中，採用 hurt 再加上手指文字「Ｐ」，pain 加上手指文字「Ａ」而創造出 ache 。

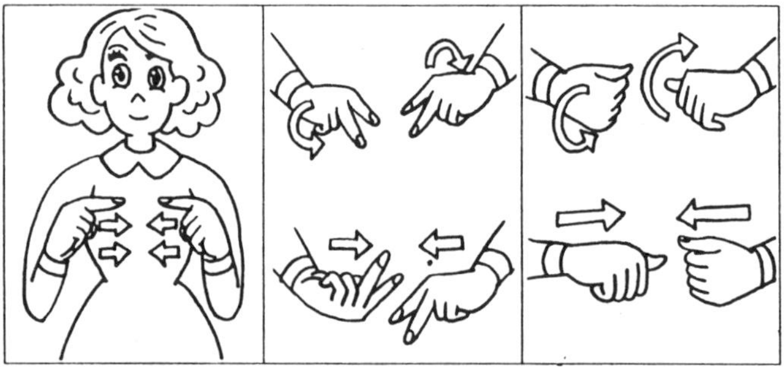

HURT（受傷） PAIN（痛苦） ACHE（痛、會痛）

在ＳＥＥ２中，為了讓手語能更加明瞭，表現更加豐富，列出了下面幾點注意事項：

⑴ 使用手語時，要經常和口語合併使用，另外，表情和身體的動態也能幫助溝通。

⑵ 連接詞的手語和基本手語要一起表示，例如，英文的發音，連接詞是一種很細弱的發音，所以，手語的連接詞不必強烈的表示出來。

⑶ 使用雙手的手語，要接上連接詞時，用右手表示連接詞，但左手要停留在本來的位置和型態，因爲，如果不這麼作，會讓對方會錯意，變成是一種連接詞獨立的手語。

⑷ 在美式手語的 yes-no 疑問句中，如果把手語放在抬起肩膀、手停在空中，手不放下等動作結束後的位置上，就能得到很好的表達效果，同樣的，wh的疑問句，只要讓眉毛皺起就可以。

⑸ 要表示 no和not 等否定語時，只要將手誇大的向側邊揮動就可以。

⑹ 要表示手語時，必須注意所表示的位置，例如，bow（領帶）是在脖子的位置，而bow（頭髮、髮帶）在頭髮的位置。另外，脖子痛還是側腹部痛，只要用pain手語的位置表示，就能區別出來。

⑺ 要表示人稱代名詞時，若代名詞所指的人物在場，就須面向此人的方向作出 he, she 等的手語，或指著此人也可以，但如果人不在場，就可以把關於此人的手語位置固定起來。

⑻ 利用身體的方向、視線、手的方向等肢體語言，對於手語的表達也極爲有幫助，例如，look的手語，要對實際要看的方向作手語時，關於兩個人的交談，可將左、右兩邊的人物作假想

設定。如此，到底是誰正在談話，便很容易知道。另外，要比較高、低時，只要將視線的動態上下移動就可以。

(9) 學會手語後，就可和孩子一起同享溝通的樂趣。

參考文献

SIGNING EXACT ENGLISH
1980 EDITION
G, GUSTASON D, PFETZING E, ZAWOLKOW
Morderm Signs Press
P.O. Box 1181 Los Alamitos, CA 90720

第3章

手勢與手語

手勢與手語

英國聞名的人類學者泰勒（Tylor），對手勢下了定論「一種看得到，但無法聽得到的肢體動作」，所以，利用手勢所作的表達方式，一般慣例是放在寫的語言和說的語言之中間位置。據說，大約在一百萬年前，原始人類的發音器官因爲不很發達，所以，他們使用比手劃脚的語言比聲音語言還早。對於這種說法，是否事實，到目前爲止還無法用科學來證明。

義大利南部的居民，經常以比手劃脚的手勢溝通，他們所使用的手勢，多半是從古代希臘、羅馬的遺跡中而來。另外，拉丁・羅馬時代的著述家們也曾提到過，那不勒斯的居民比手劃脚的手勢，可說具有羅馬帝國時代的傳統，因爲，在古代希臘・羅馬陶瓷上的人物畫，有很多是用手勢來表現，所以，現在那不勒斯人比手劃脚的手勢，應該是羅馬時代遺留下來的吧！

北美洲印地安人的手語也極爲聞名。看過好萊塢西部電影的人，應該會發覺，經常有印地安人在使用手語的畫面。印地安人的部族雖然有一百族以上，語言幾乎也沒有共通性，但是，他們在不同族之間的溝通，就用手語來進行。對於這種比手劃脚的作法，似乎是自古以來就被使用著，在哥倫布發現美洲新大陸的記錄中，也有這種記載。然而，到了十八世紀與十九世紀末，因爲白人的開拓西部以及美國政府的英文同化政策，使得印地安人的生活崩潰，進而導致印地安部族因而消滅，同時印地安人的手語，也很可惜的隨之消失掉（從印地安人的手語及中國手語的例子就可知道，他們因無法用聲音語言進行溝通，只好改用手語的方式來溝通）。

印地安人的手勢

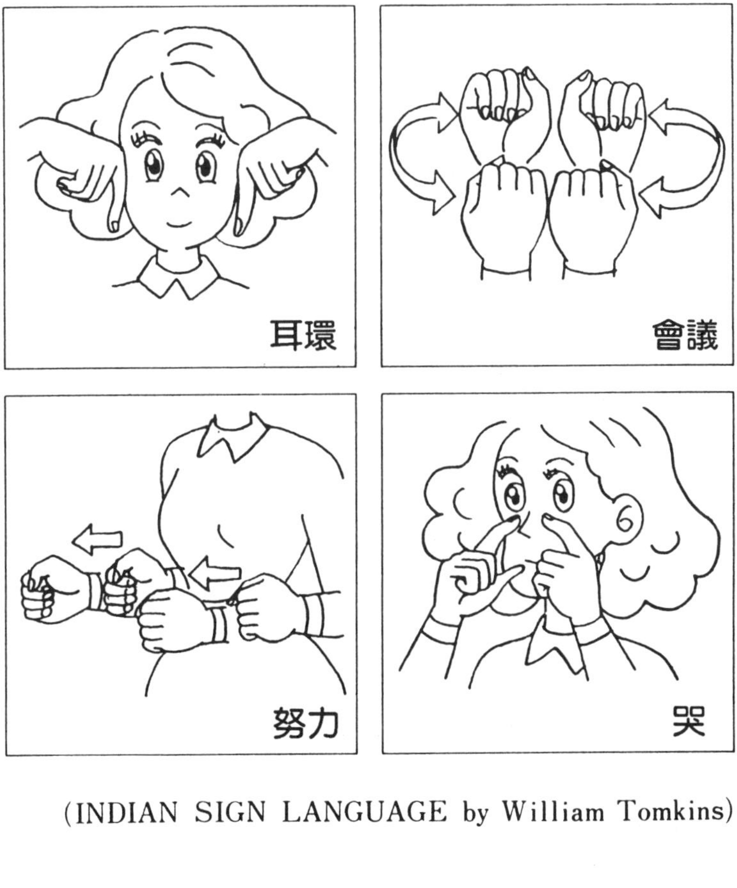

(INDIAN SIGN LANGUAGE by William Tomkins)

世界上的任何宗教，沒有不使用信號及手勢的，而它們所使用的手勢，有很多是用呪術和儀式的手勢，例如，羅馬敎皇面向聚集在梵蒂岡的信徒時，所畫出的十字，就是屬於宗敎上的手勢。而這種手勢是對超優越的神，表示服從的作法，所以，各宗敎對於自己所崇拜的神，都各擁有禮拜的形式。

在中世紀，歐洲的修道院中，有一條嚴格的戒律，就是修道士們必須保持沈默，基於這種規定，他們之間的溝通就以手勢來表達。關於這些手勢，在前文「手指文字的歷史」中，已經作了詳細記述。另外，貝納狄克派在一〇九九年，所建造的許多修道院，也以神秘、瞑想的手勢而聞名於世。

手勢和語言同樣都是一種文化史跡，但因國家的不同而有所差異，例如，日本「錢」的手勢，在國外是行不通的，如果到歐洲的南方時，這種「錢」的意思，在當地是表示「女性的性器」，所以，在外國時要特別注意。「錢」的手勢必須用「作出數鈔票的樣子」表示才可以。另外，日本「東」的手語，會被認爲是「抬起女性的下半身」，而「西」的手語，也就變爲「抬起女性的上半身」。

日本「男」的手語是豎起拇指，「女」是伸出小指，但在歐洲，小指是不好的表示，所以，「女」的手語會受到「不可使用這種作法，這種作法是表示男女差別」的反抗（在中國，小指也是表示「壞」）。另外，在瑞典「女」的手語，是用「表示女性胸部的手勢」來表達，但是，這種手勢在日本，如果由男性作出，則會被看成下流，而女性大多因爲害羞而不敢作出這種手勢。

像這樣的手勢，在各國的生活習慣當中，已經牢牢的紮根，之中有共通的部份也有不相同的部份，所以，如果想依據手勢來創造出世界共通的手語，極爲困難。

正如在前文「世界的手語」中敍述過的，因爲世界各國手語各有不同，所以，對於聾者國際會議的進行，造成很大的障礙，因此，在一九五〇年代，世界聾者會議的代表們，就提出一項建議，希望創造出以國際會議使用爲目的的國際共通手語，於是，就設立了國際共通手語統合委員會，同時在一九七一年，正式刊行「GESTUNO」的手語辭典。剛開始發行時，只有一些世界聾啞聯盟的有關人員在使用，但是，到了最近，會翻譯GESTUNO手語的人數不斷增加，而每隔四年才舉辦一次的世界聾啞大會，也在國際舞台上，大大的活躍起來。

由於GESTUNO中的手語，主要是根據歐洲的手語來編造，所以，只要學會GESTUNO，那麼，和歐洲各國聾者之間的溝通，大體上沒有問題。只不過，GESTUNO爲了朝世界共通語的世界語目標前進，因此根據歐洲的語言來編著，所以，也同樣留下以歐洲爲中心的問題。

世界共通的手勢

記號　勝利
和平

世界共通

邱吉爾戰勝德國時，所使用的象徵，如今全世界各個角落都在使用著。（注意：在英國，如果將手背面向對方，則會成爲侮辱的記號。）

ＯＫ　好

「OK」「好」是世界共通，但在日本表示「男」

英文有Thumbs up的成語，意思是「知道了、很好、很棒」。

強　力量

幾乎是世界共通

在歐洲有「男性的性器」→「對於對方有性方面的侮辱」的意思，所以，要特別注意。

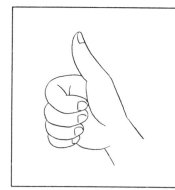

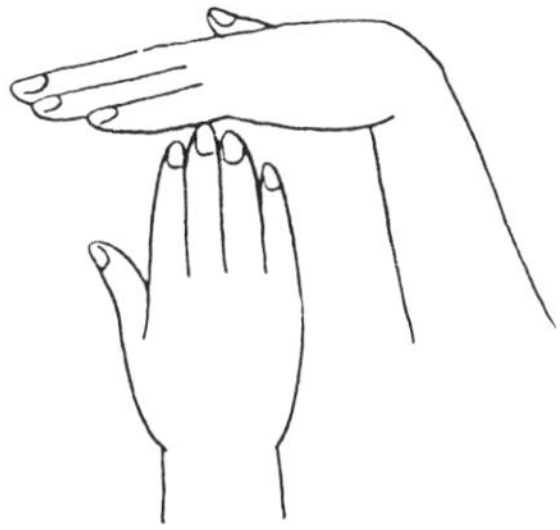

休息
暫停（終止記號）

世界共通

從籃球比賽中所使用的記號而來。

肅靜　噓
不要說話

世界共通

不只是手勢而已，就連發出「噓」的動作，也是世界共通。

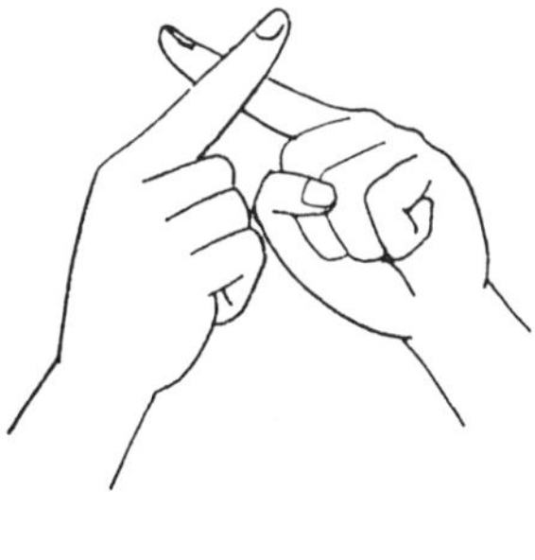

不行　錯誤
失敗

世界共通

在東南亞也有用這種型態，表示基督教的十字架。

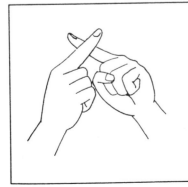

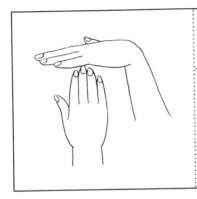

世界共通的手勢

糟糕　保持肅靜
對不起

世界共通

對日本女性來說，是一種保持笑姿優雅的動作，但在外國另有他意。

輕蔑　傻瓜
嘲弄

幾乎是世界共通

在臉的前面揮動著手，在日本是否定的意思，但在美國、歐洲是侮辱的意思。

切

共通率　約80%

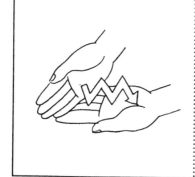

吃

共通率　約85%

作出吃飯的動作，雖然多半的國家是相通的，但在歐洲、美國以拿著刀叉的動作較多。

在歐美是惡魔
東南亞是牛

另外，也有「妻子偷漢子」的意思，須注意。

吹奮樂器
但日本是表示鼻子高的天狗

「吹樂器」的共通率約70%

世界共通的手勢

撤職　解雇
殺死　死刑

共通率　約90%

是從把頭砍下的動作而來。

表示困擾的狀態（不知道、困難、爲難）

共通率　約85%

是從抓癢的動作而來。

不知道　沒有關係　沒有辦法

共通率　約100%

這種動作英文以shrug one's shoulders表示。

想

邊擔心邊想

共通率　約50%

和嬰兒舔指頭的動作相同。

想　奇怪

嗯（沈思）

共通率　約90%

從想事情的自然動作而來。

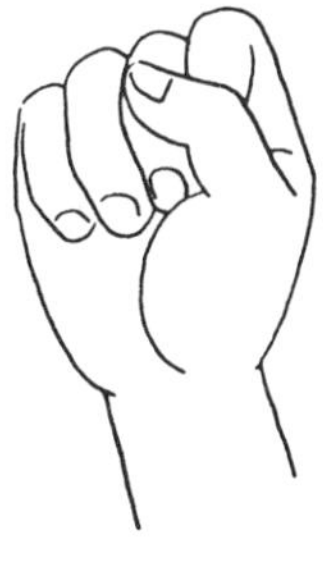

抗議

共通率　約90%

在示威行動時，舉起拳頭抗議的動作。

世界共通的手勢

頭痛　想一想
忘記　糟糕

「想一想」的共通率約70%
「頭痛」的共通率約20%

聽不太清楚
仔細聽

「仔細聽」的共通率約90%

不過，有時候要看狀況，否則會成反對的意思。

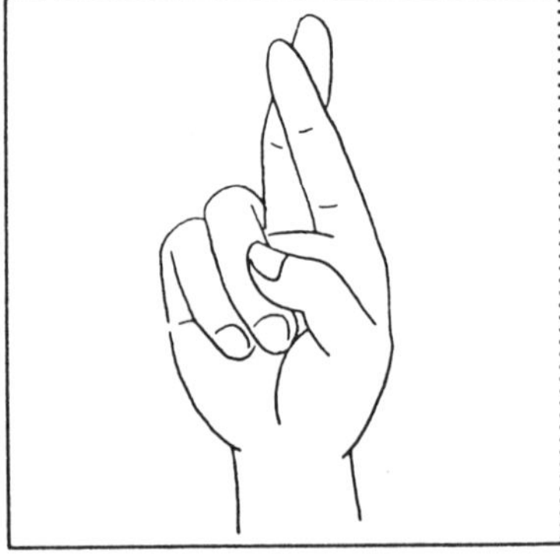

祝幸運

共通率　約70%

英文的成語cross one's fingers是「祝幸運」的意思。

不好　失敗
不行

共通率　約80%

除了亞洲、歐美以外，其他的地區是「下、到下面去」的意思。

在歐美幾乎都是表示鑰匙（包括泰國、馬來西亞、菲律賓、斯里蘭卡）

「鑰匙」的共通率約佔世界的一半。

在日本表示「扒手、小偷」，中國表示「9」。

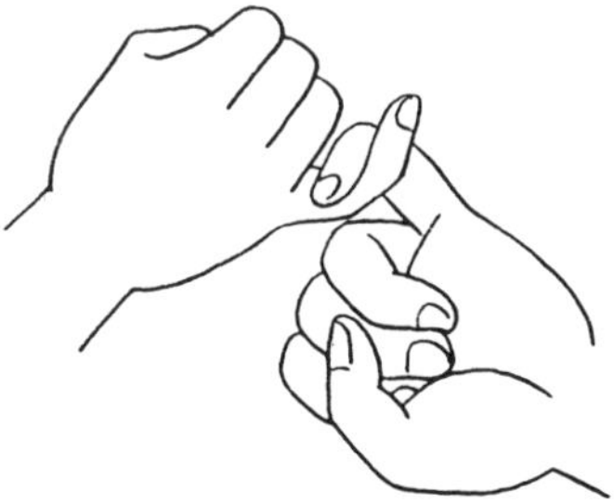

在日本韓國是約束
在東南亞是朋友
在歐美幾乎都是OK的意思（在法國和日本相同，是表示約束的意思）

但在印尼、斯里蘭卡、印度則是「打架」的意思。

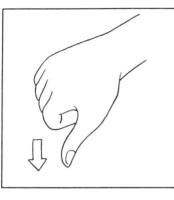

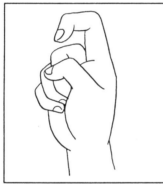

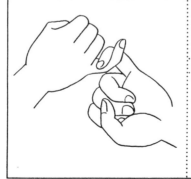

禁忌記號

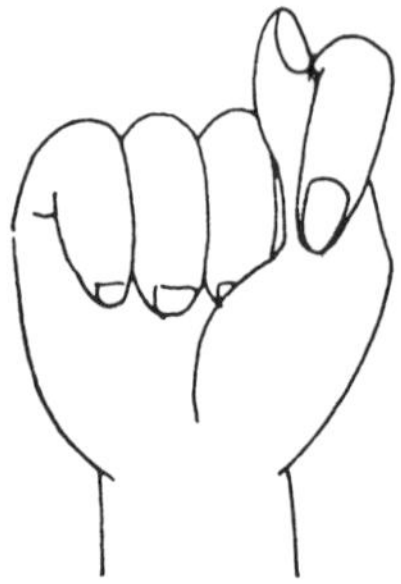

多半的國家是表示性器、性交的意思，但也有只表示性器意思的國家，例如，指男性性器的國家有印尼、法國，指女性性器的國家有菲律賓、韓國、泰國。美國的手指文字「T」則和 sex 無關，但在印度是找麻煩的意思，而墨西哥則表示「去你的」。

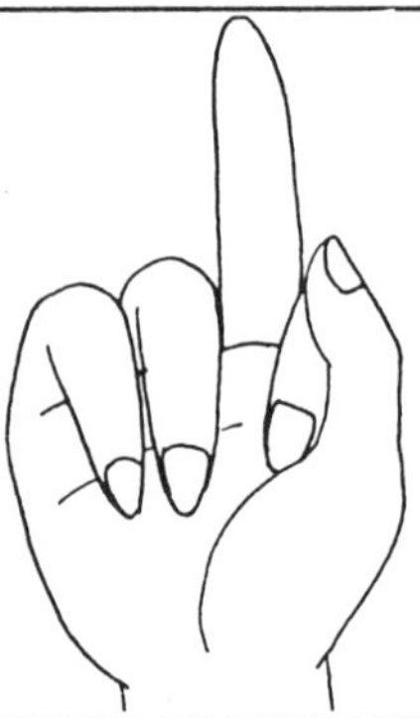

FUCK 在美國、墨西哥是指性侮辱的意思，不過，也有很多是表示「王八蛋、傻瓜、去你的」的意思，甚至對於無聊的節目，也以這種記號代替鼓掌，但在日本則表示「兄弟」的意思。

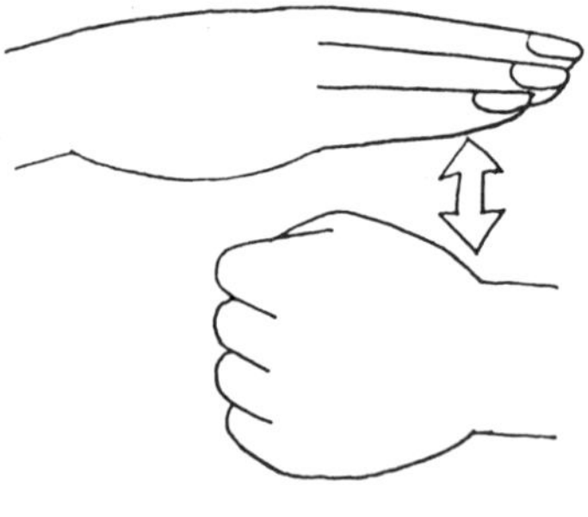

是一種好像利用蓋子蓋著，關起來、壓抑著的意思，但是，會因國家的不同而有所差異，例如，把洞穴塞住（對於輕浮的女性輕蔑的意思）代表和性有關，適用的國家有馬來西亞、新加坡、法國和墨西哥。

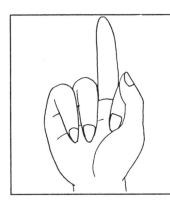

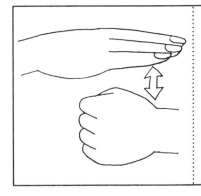

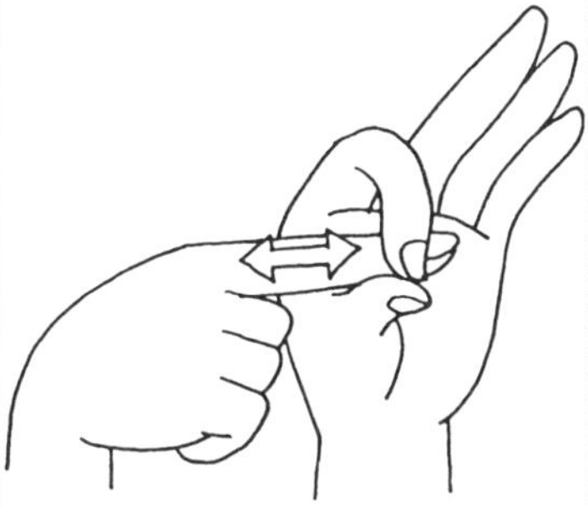

性交（對於同性戀的關係也使用）是一種極爲寫實的記號，所以，世界的共通率約100%。

女性性器，在日本酒醉的人，經常會作出這種型態，另外，在世界的其他國家裡，也經常可以看到這種型態。例如，義大利等歐洲國家的女性，在解放運動示威遊行時，常用這種型態表示走路的意思。

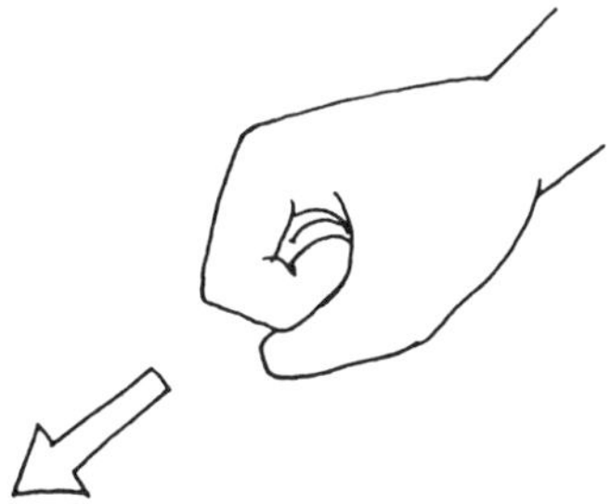

強姦，是一種強暴女人的露骨表現，也是一種美國俚語的記號。

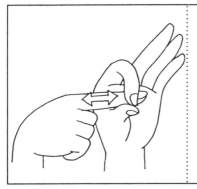

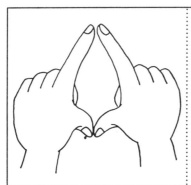

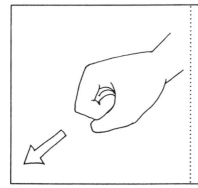

禁忌記號

男性性器，多半是表示男性性器勃起的狀態，另外，也有自誇自己的本事很強的意思。幾乎是世界共通，但有時對於女性，是一種性方面的侮辱。

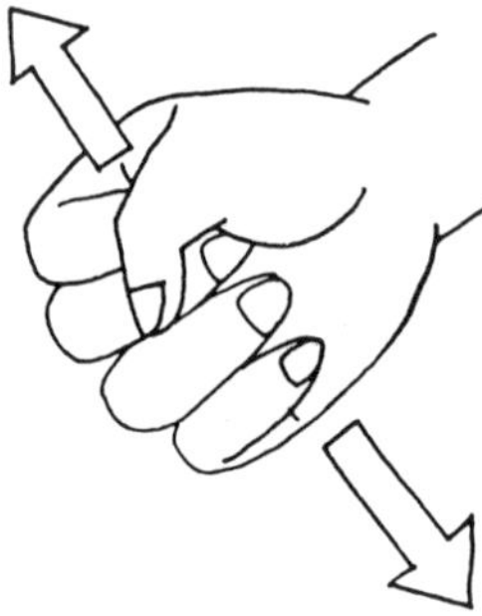

手淫，握著拳頭上下移動，作出手淫的狀態。

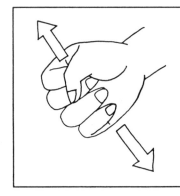

國名的手語

中國　People's Republic of China

物　象

表示古代中國女性的衣服。

韓國　Republic of Korea.

物　象

表示古代朝鮮的帽子。

香港　Hong Kong

好像香味就在鼻子旁邊飄般的表情，以這種表情來表示「香」。

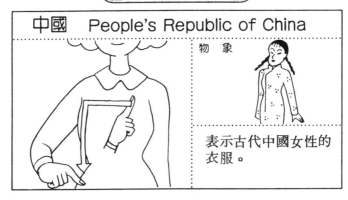

國名的手語

新加坡 Republic of Singapore.

新加坡的名稱是梵文「獅子的邑」的意思，所以，用獅子的型態表示。

馬來西亞 Malaysia.

物象

表示回教徒所戴的土耳其帽。

印尼 Republic of Indonesia.

物象

表示民族衣裳的帽子。

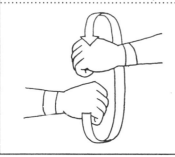

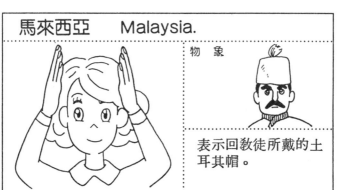

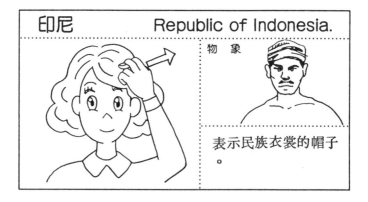

菲律賓　Republic of Philippine.

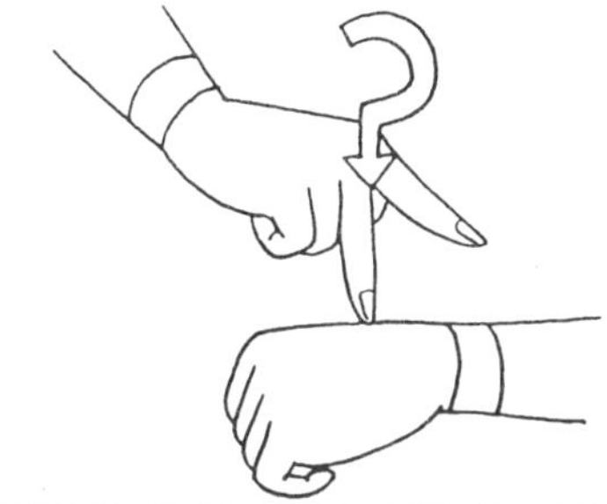

物　象

將左手的拳頭當作是一座島，然後用右手的手指文字「Ｐ」指著拳頭。

土耳其　Republic of Turkey.

物　象

將土耳其國旗上的月亮圖案，當作土耳其帽般的戴在頭上。

伊朗　Islamic Republic of Iran.

物　象

是一種用拇指表示將汽油倒入車子的手語，而把手指貼在手掌表示油田。

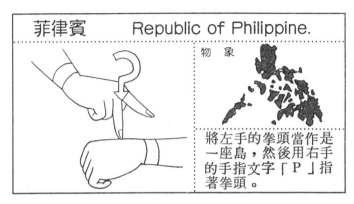

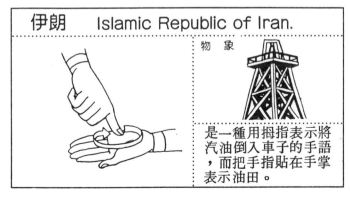

國名的手語

以色列 State of Israel.

表示猶太人下巴的鬍子。

印度 India.

物　象

表示印度女性（印度教徒）額部中央的紅點。

美國 United States of America.

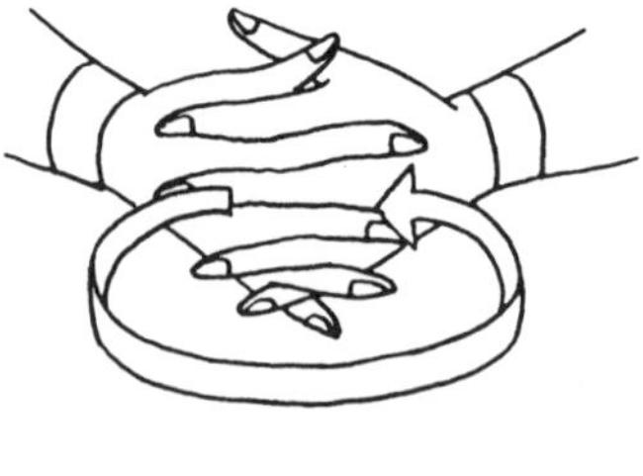

物　象

美國的開拓者，為了表示是自己的土地而用柵欄圍起來，另外，也是乘坐五月花號來到新大陸的移民們，用木材建造的木屋的表示。

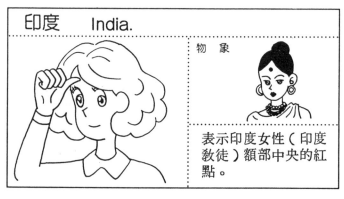

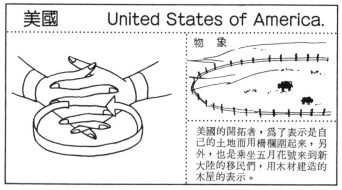

加拿大 Canada.

物　象

是一種把堆積在大衣領子上的雪拍一拍的動作，是表示會下很深的雪的加拿大形象。

阿根廷 Argentine of Republic.

物　象

用阿根廷跳探戈舞時彈手風琴的情況來表示。

巴西 Federative Republic of Brazil.

物　象

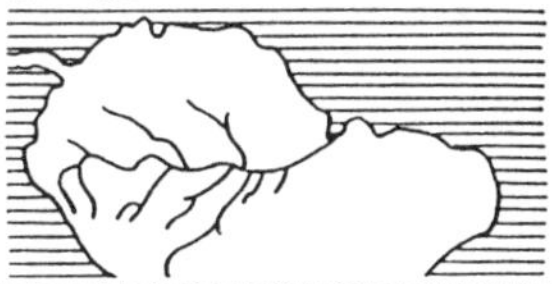

用手指文字「Ｂ」表示亞馬遜河水流般的情況。

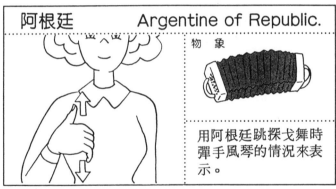

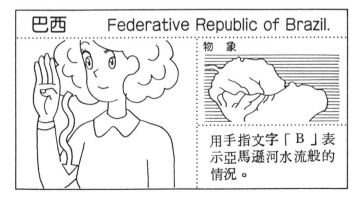

國名的手語

比利時　Kingdon of Belgium.

將Belgium的手指文字「B」強烈表示出來。

芬蘭　Republic of Finland.

當要說出「芬蘭」時，要注意嘴巴的形狀。

瑞典　Kingdom of Sweden.

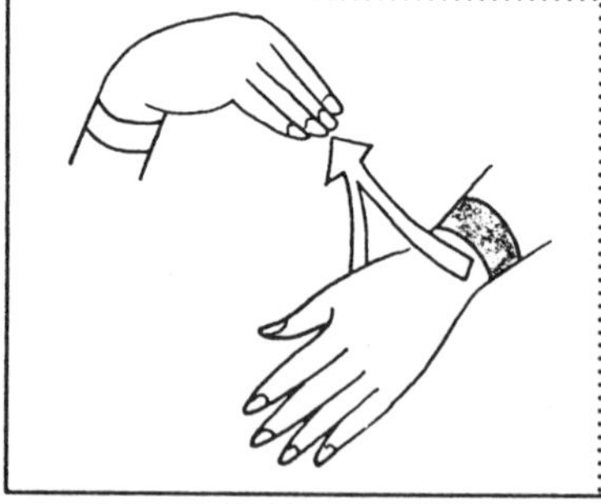

物　象

表示瑞典民族衣裳的一小部份。

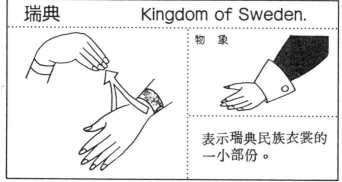

義大利 Italian Republic.

物　象

表示義大利國家的型態。

荷蘭 Kingdom of Netherlands.

物　象

從女性的民族衣裳而來。

西班牙 Spain.

物　象

鬪牛士讓斗蓬（紅布）飄揚的型態。

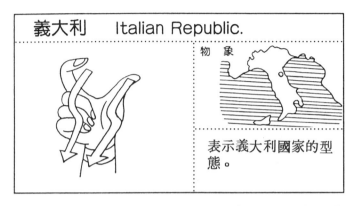

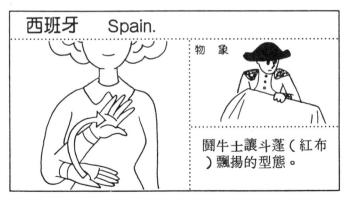

國名的手語

西德　Germany.

物　象

表示普魯士軍隊鋼盔上的裝飾。

法國　French Republic.

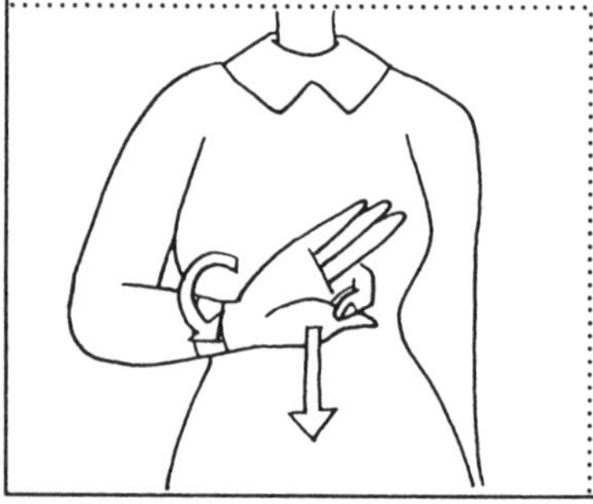

物　象

用手指文字「F」表示法國貴族突出來的腹部。

英國　United Kingdom of Great Britain Northern Ireland.

物　象

表示御林軍帽子的帶子。

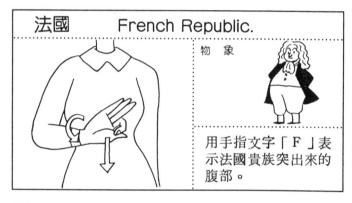

瑞士　Swiss Confederation.

物　象

在胸前表示瑞士國旗上的十字。

保加利亞　People's Republic of Bulgaria.

物　象

表示保加利亞人嘴邊的鬍子。

羅馬尼亞　Socialist Republic of Romania.

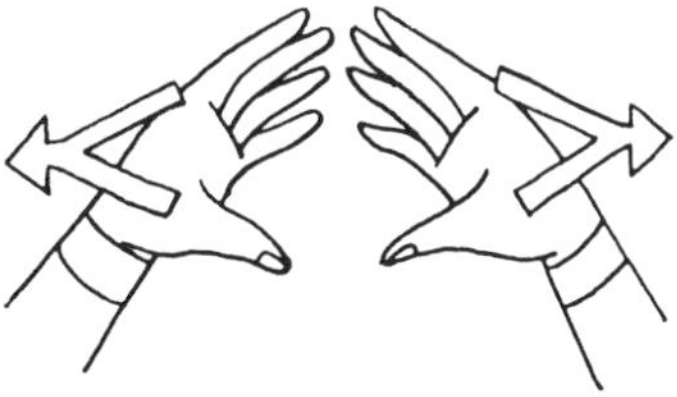

物　象

從羅馬尼亞的國家型態而來。

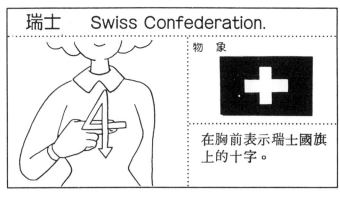

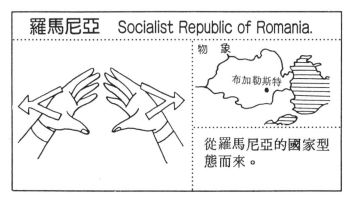

國名的手語

蘇聯　Union of Soviet Socialist Republics.

物　象

將蘇聯的長方形鮮紅色國旗，用嘴唇的紅色和食指的動態來表示。

希臘　Hellenic Republic.(Greece)

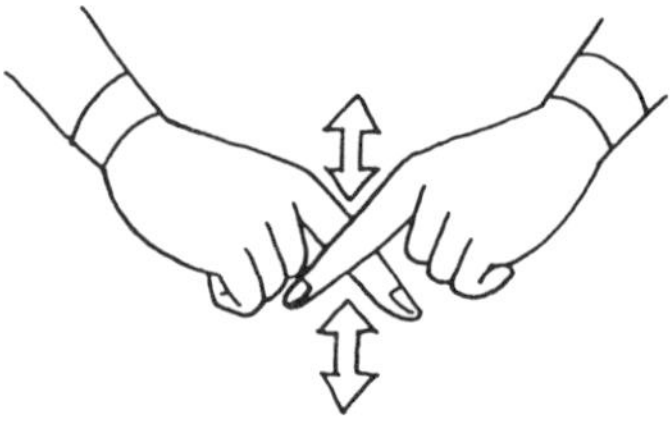

物　象

表示希臘國旗上的十字。

埃及　Arb Republic of Egypt.

物　象

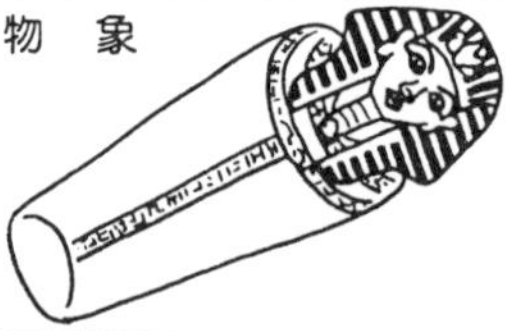

表示有木乃伊裝飾的黃金口罩型態。

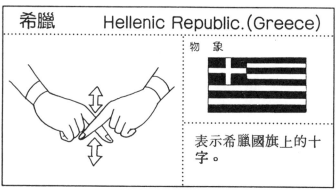

肯亞 Republic of Kenya.

物 象

表示國旗上保護自由的「標槍」。

尚比亞 Republic of Zambia.

物 象

在國旗上的「鷲」，是表示能勝過任何困難的力量。

衣索匹亞 Socialist Ethiopia.

衣索匹亞的語源是從古代希臘語「臉被太陽曬黑的人們」而來。

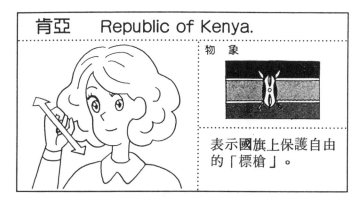

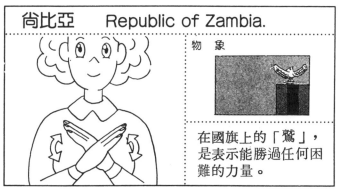

國名的手語

澳大利亞　Australia.

物象

表示袋鼠奔跑的樣子。

紐西蘭　New Zealand.

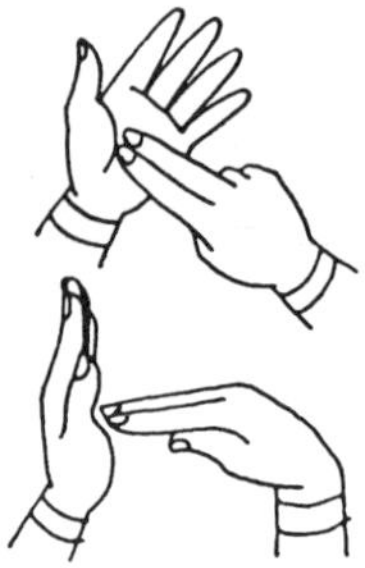

用英國的雙手手指文字「N」、「Z」來表示。

挪威　Kingdom of Norway.

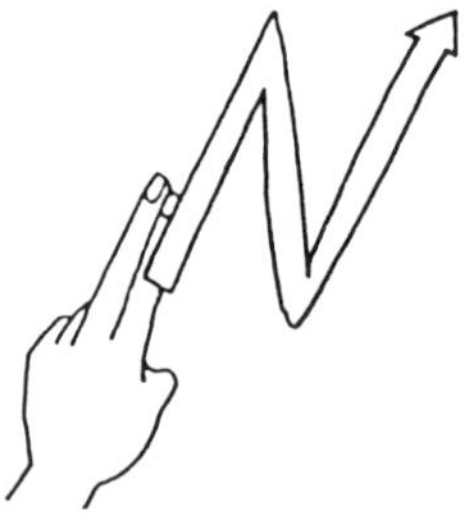

用食指和中指在空中畫出大大的「N」字。

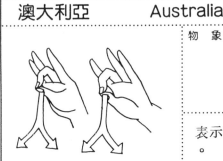

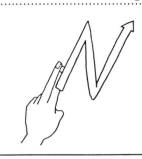

手勢的書籍

『世界20國非口頭語字典』　金山宣夫　B32開　二七四頁　研究社出版

書中有關於手勢的50種插圖，是向20個國家的人們（一個國家10人以上）所作問卷調查的結果而歸納起來。關於每一種插圖會把詳細調查的結果記述出來，同時並以國家別作觀察後，再把有關非口頭語的問題進行討論，讓讀者能從字典上了解到，全世界的人們是用那一種方法接受手勢。

『日英比較—手語字典』　中野道男　詹姆士・卡卡浦　B32開　二六〇頁　大修館書店

分為「手勢研究的概論」、「日英手勢一覽」、「日英手語」、「手語和慣用語」這些單元，並以日英的文學作品為例子，從英語學的觀點進行手勢的研究。

『手勢語言的日英比較』　小林佑子　B32開　二〇六頁　BLEC出版部

將小說、戲曲上反覆出現的手勢，作爲比較的門路，並從語言資料提供者所收集的情報中，將日本和英國美國的手勢加以比較，同時從英語學的觀點進行研究，並把英文的表達方式作詳細記述。

『法國人的手勢字典』　大木充　J・CL洛希紐

A16開　二五〇頁　黑潮出版

約使用二、〇〇〇種插圖，在法國對40個人作問卷調查，並依調查結果寫出來。從溝通上來說，手勢只是配角而已，但從手勢書的研究來說，卻是很獨特的，本書並隨著手勢把所使用的語言，作充分的說明。

『人類行爲學』　狄茲蒙・毛利士　藤田統　翻譯

A8開　三一九頁　小學館

使用豐富的照片和美麗的圖片，不只是記述手勢而已，並向全世界收集有關人士的一切行動及表情的資料，是一本令人感興趣的書，不管從那一頁隨意翻看，都能看得懂，這是從心理學（動物行動學）的觀點，所進行的手勢研究。

專欄

手語的同時性

手語因爲可以使用雙手表達，所以，和聲音語言不相同的地方，就是可把兩種信號同時發送出來，這種現象就稱爲手語的同時性。而日本手語和美國、歐洲手語的同時性的表達方式也有所不同，那是因爲日本手語在完成文章的過程上，扮演著很重要的角色。例如，「男」與「女」可以用「拇指」、「小指」表示，當右手使用「男」的手語時，左手就可用「女」的手語，然後看雙手的動態、位置如何，就很容易能把有關「男」與「女」的各種關係表示出來。

「要結婚」（參考P32）。

「要離婚」（結婚的相反情形）。

「一起工作」（用結婚的型態，將雙手一起向前後移動，但如果將雙手交互前後移動，因爲夫妻是一起出去工作，所以，會變成夫妻錯開的意思。）

「男人打女人」（將拇指豎起的手轉變爲握拳，並毆打小指「女」。）

「女人追求男人」（用小指追趕拇指）。

歐洲及美式手語的「男」與「女」，因爲，各個的動作重點所須不同，所以，就無法像日本手語般的能簡單利用同時性。

專欄——瑞典

手語爲第一語言

瑞典的聾者教育認爲手語是聾者的第一語言，反倒是他們的國語—瑞典語卻成爲第二語言。在瑞典，耳朵聽不見的孩子在2～3歲時，就必須進入啓聰學校接受手語的教育。

美國的教育機關爲了教導正確的英文，曾有過使用手語的想法，但是，在瑞典卻認爲使用瑞典語不如使用手語來教導。

聾者建立的學校

在瑞典斯德哥爾摩的西方，約二〇〇公里遠的地方，有一個美麗的湖泊，在湖畔有一所高級啓聰學校，是瑞典聾者協會所創辦的學校，校內的90名職員中，有半數以上是聾者，就連校長也是一位女性聾者。（一九八七年）這所學校有3點特色：

1. 高中畢業後的聾者，如果想繼續研究手語，這裡設有課程可供鑽研。
2. 耳朵正常的人，爲了擔任手語的翻譯工作，可到此學習手語，另外，爲了謀求福祉關係的社會工作人員，也有供其學習的設備，而啓聰學校的老師們，如要更進一步研究手語或完全不懂手語時，也可以到這裡學習研究。
3. 這裡也有極爲充實的休閒設備，冬季可以滑雪、溜冰，夏季則爲避暑勝地。

第4章

日本的手語

手語的外來語

提到手語的外來語，約有下面2種含意：

①將聲音語的外來語，用手語表達（外來語的手語化）。

②將外國的手語直接當作日本的手語來使用（手語的外來語）。

從廣泛的意義來說，日本的漢語也屬於外來語，但現在所謂的外來語，多半是指借用歐美的語言，再以片假名表示出來，而利用片假名大量使用外來語，是在明治以後才開始的事。至於有關日常生活的外來語，已經被手語化，例如，啤酒、牛奶、小刀、湯匙、襯衫、褲子、皮帶、火柴、巴士、咖哩飯、酸醋……等。

第二次世界大戰後，隨著美國文化的大量湧入日本，外來語也在快速增加，例如，大衆傳播、電子名稱、電腦、迪斯可、搖滾樂等。可是，因爲這些外來語和生活並不一定有密切的關係，而且抽象式的語言也很多，所以，就呈現出不容易手語化的情況。

進入一九七〇年代以後，因爲到國外旅行變得很容易，所以，聾者也有機會到國外去，因此和國外聾者之間的交流也慢慢地增加，同時也學會使用外國片言隻語的手語，特別是外國國名和地名的手語，使用的機會最多。而在「世界的國名」一文中，所舉出的手語有一半以上，在日本也廣泛被使用，至於地名的例子，請參考插圖的舉例。

除了國名和地名以外，美國的「I love you」記號，也極普遍被當作表示「愛情」的記號在使用著。另外，將「拇指向下，往下移動」的記號，表示「不行」的俚語，也被引進來使用。

到了一九七六年，日本爲了促進身體障礙者有更多的工作機會，而將僱用法作了修改，使得聽覺障礙者也能得到大企業的僱用，而工作範圍也從原來「以手爲主的工作」方式，擴大到電氣、車輛、電腦、金融等的產業，結果使得手語的語彙也必須隨之擴大，於是便引進外國的手語，進而改變爲日本的手語。

◆性（取材自GESTUNO）

「性」這句日本話，雖然不是外來語，可是「性」的手語卻屬於「外來語的手語」，是表示細胞分裂的情況。

◆電腦（取材自歐美）

從事電腦產業的聽覺障礙者，所使用的電腦用語，似乎是採自於美式手語。

「外來語的手語」雖然有限，但是，因爲現代社會，包括聾者在內的國際化、情報化不斷的在改進，所以，外國的手語會不斷湧入日本。

(性)

將雙手併攏的手指以指尖互相貼著，向左右拉開並將雙手手指作抓的型態。

手語的外來語

紐約

New的手語，也有將右手呈現「Y」型態的情況。

加州

用耳環和黃色（Yellow）的「Y」表示黃金，象徵加州的淘金熱。

夏威夷

從作出跳草裙舞的動作而來。

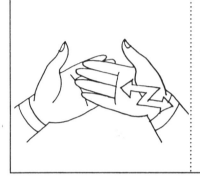

新加坡

表示在馬來西亞半島的尖端有新加坡的存在。

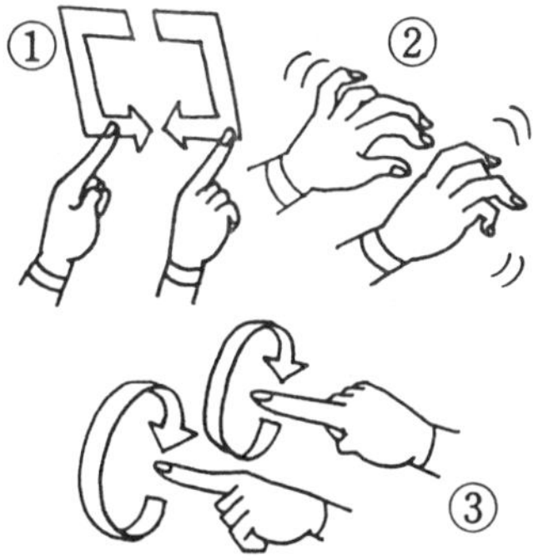

電腦

作出電腦的顯像和鍵盤輸入的動作，以及磁帶旋轉的表示。

I love you.

拇指爲「I」，食指爲「L」；而食指和小指則爲「Y」的表示。

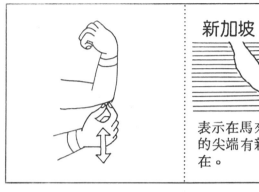

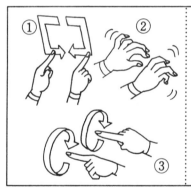

日本語的對照手語

什麼是日本語的對照手語

對於現在日本的啓聰學校不太使用手語的原因，不知大家是否了解。這是因爲聾者教育在當時被認爲是口語主義，也就是說「爲了教導聾者口語，不使用手語較好」的這種想法，在當時被流傳下來，以致現在日本的啓聰學校對於使用手語的意願不高。而所謂口語，就是耳朵聽不到的人和聽得到的人，同樣發出聲音來交談，而對於雙方交談的內容，則以嘴巴的動態來了解對方所說的話。對於聾者要進入健聽者的社會，口語固然極爲重要，但是，「爲了要教導口語，不使用手語較好」的這種想法卻是錯誤的。

到了成年後，因爲生病或其他原因導致耳朵聽不到的聾者也爲數不少，這些人在學習語言時，因爲耳朵還正常聽得到，所以，發音和普通人完全一樣，然而對於讀唇術（在說話時，要看對嘴唇的動態，藉以了解談話的內容）卻必須從頭開始學習、訓練才可以，這種情形對一個成年人來說，是相當辛苦，同時突然要接受讀唇術也會倍感困難，因此，必須首先教導手語，再以學習到的手語爲引導，如此才能使讀唇術的學習順利進行下去。

手語對於學習讀唇術的幫助，相信不只是成年人，就連幼小的聾者也同樣受益良多，但是，因爲現在的日本手語，並不一定和日本話有完全相同的表達，所以，被認爲會妨礙到學習正確的日本話。

由於將日本話利用手語表達，可以讓幼小的聾者對於學習日本話能有幫助。於是就有了研究日本語對照手語的構想。

日本語對照手語就是將聲音和文字所表達出來的日本語，藉手指和嘴形的動態表示出來。而日本語對照手語的目的，是希望在文法、語彙及其他方面，研究出能和日本語對照的手語出來，使得啓聰教育和手語在社會生活上，能更加提高實用性。

從教育的立場來講，能使用容易和口語並用的手語，對於口語和手語的並用，才能更積極的推行下去，所以，如果能將日本語對照手語和口語並用的話，相信可以正確的將日本語表達出來。同時，因爲手語對日本語在學習上，能幫上很大的忙，因此，從教學的立場來說，有了比現在的手語更加豐富的語彙，就可大大提高表達的效果。

至於在國人聽覺障礙的社會生活裡，他們在自古以來就使用著的所謂傳統式手語（不和口語並用，以及不依賴日本語文法的手語）之間，謀求效果的增加，對於這些人以及廣播研究會等依賴日本語比例較高的機關，都爲設定的目的。

目前成人障礙者之間的溝通，已經採取和口語並用的方式，同時日本語也儘量配合手語的動態，而附屬語等就用嘴形來表示。對於這種日漸增加的表達形式，雖然令人感覺興奮，但日本語對照手語則希望能再將這種型態予以提高研究。

在我們的日常生活中，語言因爲已經佔有一席之地，所以，光憑外界的力量，是無法改革的。對於生活環境中的一些顯著變化，相信由於日本語對照手語的建議，而能發展出適應這些變化的手語出來。

日本語對照手語的基本概要

1 讓手語的單字和日本語的單字對照

手語不被啓聰教育使用的理由，是日本語的單字和手語的單字有時不能一對一的對照，例如，手語「從樓梯上去」的「上去」，則作出「以食指和中指爲一雙脚，從樓梯上去」的動作，「遇到所單戀的對方時，緊張的心情會上升」，這時的上升是表示「臉會通紅」的意思，而這裡的「上去」與「上升」，在日本語中雖然語意不同，但由手語表達出來的語意卻變爲相同，因爲用手的型態模仿對象的型態時，頗具寫實性，所以，以自然發生的方式所產生的手語單字，總是和日本語意有所脫節。

日本語的單字和手語的單字不能一對一對照時，對於要跟手語的單字對照的日本語單字而言，則會變成好幾種語意，如此一來，一方面會增加學習及記憶的負擔，另一方面要使用手語時，對於日本語要用那一種單字來對照才好呢？這時就須有很好的判斷力才行。

因此，日本語對照手語的原則，首先就必須讓日本語的單字和手語的單字能夠相互對照。如此一來，日本語的單字和日本語對照手語的單字，彼此之間的語意就會具有相等的價值。

2 讓手語和口語互相補遺

雖然前面敍述過，要讓日本語的單字和手語的單字一致，但如果也要讓日本語的單字和手語的單字，造出相同數量的句子是不可能的，於是就利用手指和嘴形能同時發出訊息的優點，讓手指表示大體上的意思，而讓嘴形將語句的區別表示出來。

圖中的手語一般是指「法律」的意思，不過，手語所表示的只是大體上的意思，如果這時再利用嘴形的動態，則可分化出「法律」、「條例」、「規約」這三種意思，對於這種手語的使用法稱為範圍記號，而把語句

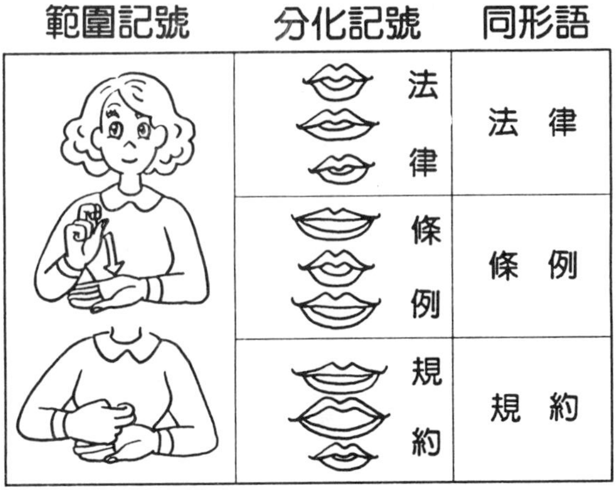

詳細區別出來的嘴形稱爲分化記號。另外，由於手語讓嘴形作意識分化，以及手語對於讀唇術附加上範圍記號，使得讀唇術能更加容易進行。像這種用手語表示，並用嘴形來分化的語句就稱爲同形語。

3 用手語表達漢字

如果漢字能用手語來表達的話，就能產生很多優點出來。首先，在日本語當中，因爲漢字的俗語相當多，所以，只要研究出漢字對照手語，就可利用漢字手語的組合，表達出各種俗語出來，例如，把「事」與「物」的漢字手語組合起來，就成爲「事物」的俗語，其次，要創造「事實」與「物品」的手語時，就可利用「事」與「物」的漢字手語，另外，像「愛情」與「情愛」這種很相似的單字，由於單字之間的差別很微小，所以，不容易表達，但這時如果能使用漢字手語的話，就能很清楚的分開表達。

採取一個單字對照一種手語的目的是，要讓日本語利用手語正確的表達出來，然而日本成人理解的語彙平均約5萬句左右，要把5萬句的語句，全部創造出手語來，似乎是不可能，就算能創造出來，但要把數量這麼龐大的手語全部記起來，也極爲不簡單。這時如果能使用漢字手語，就可利用漢字的組合，把所有的語句表示出來。現在，日本的報紙除了人名、地名以外，常用的漢字約有一九四五字，所以，如果手語也能將一九四五字的常用漢字表示出來，那麼，就可擁有如看報紙般的表達力。

4 附屬語的表達

在原來的手語中，屬於日本語附屬語的手語語彙並不很多，因此，利用表情及手語的空間式放置位置來表示的情況較多，但是，在日本語對照手語中，是以附屬語爲原則，並將其正確的表示出來。

1音節的助詞要使用手指文字，例如，「は、が、を、に、で、へ、も、……」

2音節以上的助詞、助動詞要創造出手語來。

5 活用的表現

日本語的助詞、助動詞、形容詞必須懂得活用，語尾會產生多種變化，但語尾的變化，原則上是用嘴形來表示，不過，當有複雜的語句或必要時，就必須以手指文字表示。另外，對於普通動詞想要表達可能動詞時，就必須附加「可能」的手語。

在活用的多種變化中，只有命令形要如下圖般的附加手語作爲區別，例如「看得到」，例如「看」（「看」的手語要附加這種手語）。

「れる・られる」
助動詞「被、被動」　　助詞「從」「から」

「可能」　　「命令」

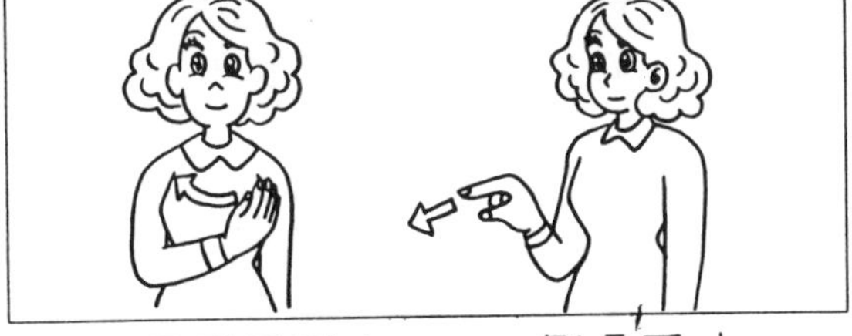

例「看得到」「見える」　　例「看」「見ろ」

日本語對照手語「文」的表達

使用日本語對照手語，可讓原來的手語想要正確表達的抽象式文章，也能很容易的表達出來，現在，將日本憲法全文中的一段，舉出爲例子：

「日本國民希望恒久的和平，對於人類相互關係支配的崇高理想深深自覺，對於喜愛和平的諸國民之公正與信義予以信賴，決心維護安全與生存。」

手語表達上的規則

① 「」是表示1種手語。

② （）是用手指文字和嘴形來表示，但手指文字省略也可以。

③ 〔〕是動詞、形容詞、形容動詞等活用語尾的表示，而活用語尾除了命令形以外，原則上不表示出來。

「日本」

用拇指和食指表示日本列島的型態。

「國」

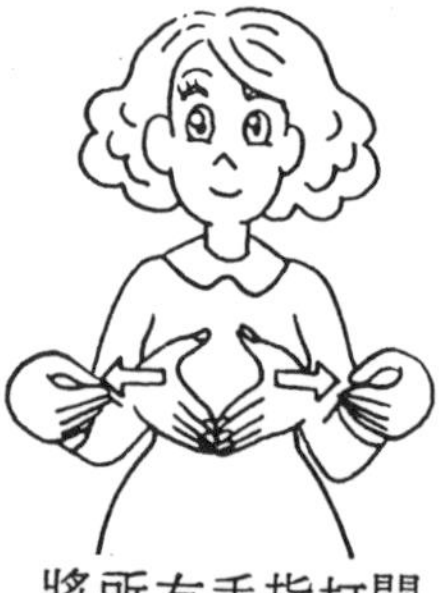

將所有手指打開，作成菱形向左右邊拉開邊作抓的型態。

「民」

和漢字手語的「人」同形語。

(「是」)

手指文字「は」

「恒久」

漢字手語「恒」的同形語。

(「的」)

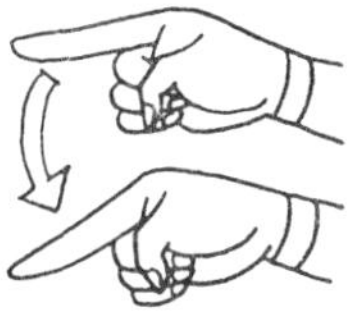

手指文字「の」

「和平」

漢字手語「平」的同形語。

(「的」)

手指文字「を」

「希」

手指文字「ね」向上升起。

「願〔望〕」

用一隻手作拜託的型態。

「人類」

漢字手語「人」的同形語。

「相互」

漢字手語「互」的同形語。

(「的」)

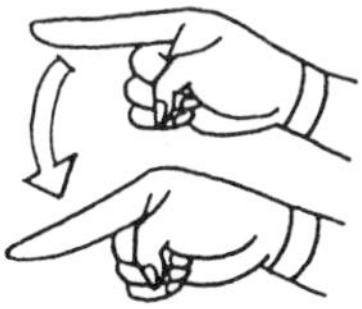

手指文字「の」

「關係」

用雙手的拇指和食指作成圓圈，交勾在一起。

(「對於」)

手指文字「を」

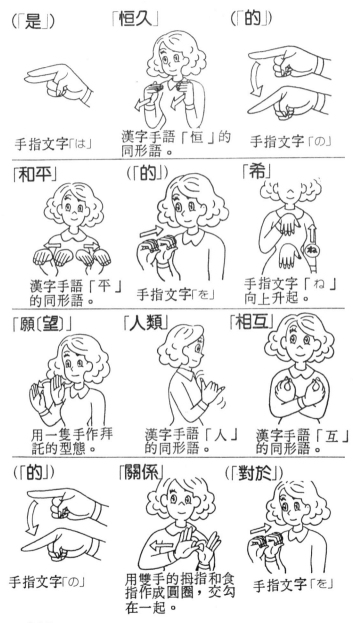

「支配〔支配〕」

在左手手指文字「左」的前面，用右手作出手指文字「し」，再把右手向斜前方放下。

「崇」

原爲「尊貴」的手語。

「高〔高〕」

把手向上抬起。

「理」

手指文字「り」

「想」

將手指文字「そ」貼在鬢邊，水平描畫圓圈。

(「的」)

手指文字「を」

「深〔深〕」

將雙手手掌面對面，再把右手手掌往下移動。

「自」

用食指指著自己，再把食指向上升起。

「覺〔覺〕」

將手指文字「か」貼在鬢邊。

(「予」)

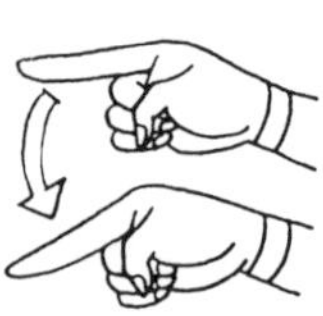

手指文字「の」

(「以」)

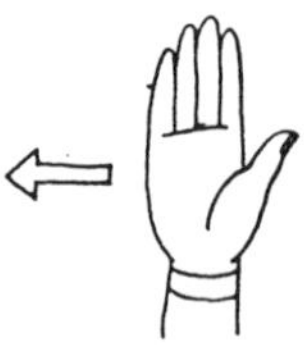

手指文字「で」

「做」

「有」的手語。

(「成」)

手指文字「て」

「和平」

向前伸出

(「要」)

手指文字「を」

「愛〔愛〕」

用右手手掌摸左手手指。

「諸」

原爲「各種」的手語。

「國」

向前伸出

「民」

向前伸出

(「的」)

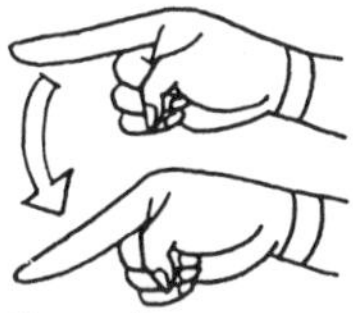

手指文字「の」

「公」

字形寫實的漢字手語。

「正」

夾起的手指向上抬起。

(「與」)

手指文字「と」

「信」

將雙手手指文字「し」，在胸前疊在一起。

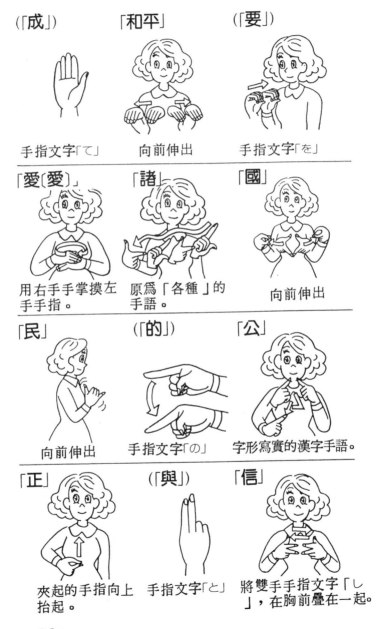

「義」

手指文字「ぎ」

(「對」)

手指文字「に」

「信賴〔信頼〕」

漢字手語「信」的同形語

(「予以」)

手指文字「て」

「 我 」

和前面出現的「自」相同。

「們」

「大家」的手語

(「的」)

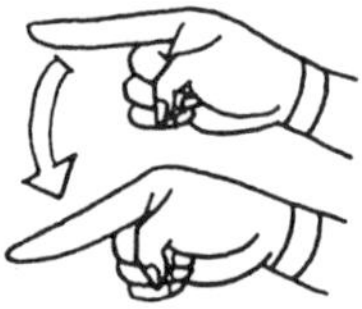

手指文字「の」

「安」

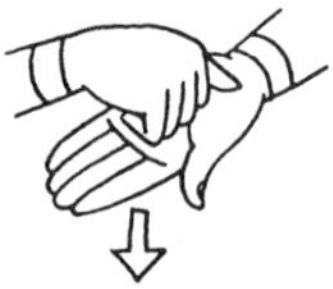

把右手手指文字「あ」，放在左手的手掌上，再往下移動。

「全」

用雙手描畫圓圈。

(「和」)

手指文字「と」

「生」

字形寫實的漢字手語。

「存」

好像用雙手的手掌在壓制著。

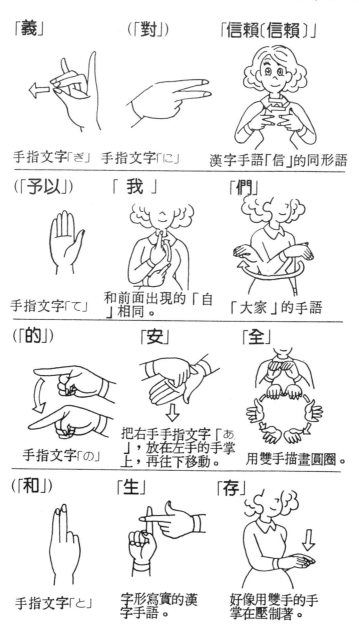

(「要」)

手指文字「を」

「保」

用右手的手指文字「ほ」，將左手的食指包圍起來。

「持〔持〕」

將打開的手掌，邊向上抬高邊握起。

「予以」

用手指文字「は」，在前面上下揮動。

(「下」)

手指文字「と」

「決」

用右手食指在左手的手掌上連續敲打。

「意〔意〕」

將手指文字「い」貼在鬢邊。

「了」

手指稍微向前傾。

日本語對照手語的手語溝通研究會，由於得到豐田財團的資助，正在加緊進行研究中。

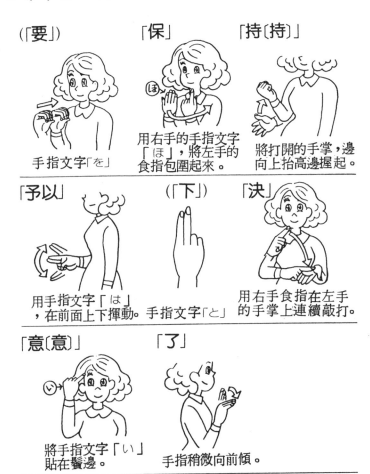

日本的手語書

『我們的手語一～一〇』（財）全日本聾啞聯盟　新書版　二〇〇～三〇〇頁

這是日本手語的基本原文，從第一卷到第十卷，現在正進行修訂中，已經修訂好的第一卷到第三卷，收錄語數約四〇〇〇〇句。

『I LOVE COMMUNICATION1～3』一～三』

企畫／編集　全國手語通譯問題研究會　發行（財）全日本聾啞聯盟A16

發行（財）全日本聾啞聯盟　A16開　32頁

以國中生、高中生爲對象的手語原文，被當作上啓聰學校的女高中生和健聽男高中生的劇本，邊思考聾者的問題，邊學習手語的內容。

『我們的手語會話篇一～三』（財）全日本聾啞聲盟）新書版　二〇〇～二七〇頁

從手語的日常生活會話的基本招呼語開始，對於手語集團、托兒所、家庭訪問、買東西、結婚儀式等場合的設定，並附帶插圖作說明，對那些想了解日本語文脈和手語文脈有何差別的讀者而言，是一本很好的參考書。

『手語的智慧—以它的語言爲中心』　大原省三

（財）　全日本聾啞聯盟　B16開　六三八頁

約有一五〇種手語的語言，是從聾者的生活和江戸文化中探索出來，同時也是象徵作者學識的廣博，以及體諒聾者的名書，另外，看完本書後，也能讓讀者了解什麼是傳統式的手語。

以上這些書，是由屬於日本聾啞者的全國性團體—（財）　全日本聾啞聲盟所出版的。

『插圖手語辭典』　丸山浩路

是一本非常優異的書，收錄語數約二、〇〇〇句，同時在索引的地方也有複合語的指示，另外，爲了使手語容易記憶，並把各單字的「手語源」也作了說明，是一本可以活用的手語辭典。

專欄　國際手語

從前面所敍述過的「手勢與手語」中就可知道，世界各國的手語因各有不同，所以，對於聾者國際會議的進行造成很大的障礙，因此，在一九五〇年代，世界聾者會議的代表們，提出一項建議，希望創造出以國際會議使用爲目的國際共通手語，於是，設立了國際共通手語統合委員會，並在一九七一年，正式決定出版「GESTUNO」的手語辭典。剛開始發行時，只有一些世界聾啞聯盟的有關人員在使用，但是，到了最近，由於會翻譯GESTUNO的人數不斷地增加，使得每隔4年才舉辦一次的世界聾啞大會，也在國際舞台上，大大的活躍起來。

由於GESTUNO中的手語，主要是根據歐洲的手語來編造，所以，只要學會GESTUNO，那麼，和歐洲各國聾者之間的溝通，大體上應該沒有問題。

健康加油站

糖尿病
預防與治療
胃部
不孕症治療
簡易
醫學急救法
肥胖
健康診療
肝功能
健康診療
高血壓
健康診療
高血糖值
健康診療
尿酸值
健康診療
膽固醇
中性脂肪
健康診療
痛風
劇痛消除法
溫暖
健康法
手腳
病理按摩
B型肝炎
預防與治療
吃得更漂亮
健康
茶使您更健康
高齡常見疾病
運動療法
科學健身
改變亞健康
簡易
萬病自療
保健
王朝秘藥
媚酒
立見實效
保健操
越吃越性福
荷爾蒙與健康
越吃越長壽
自我保健鍛鍊
斷食促進健康
蔬菜健康法
Vegetable
水果健康法
Fruit
越吃越苗條
越吃越聰明
EAT & SMAR
全方位
健康
藥草
人體
記憶地圖
提升免疫力
戰勝癌症
CANCER
腎臟病
預防與治療
怎樣配吃
最健康
不可錯配的食物
Eat & Health
心臟病
腦中風
預防與治療
科學養生
細節
由人相診斷
健康
青春期智慧
前列腺(攝護腺)
健康診療
下半身鍛鍊法
四高健康診

快樂健美站

柔力健身球
自行車健康享瘦
跑步鍛鍊 走路減肥
創造健康的肌力訓練
舒適超級伸展體操
水中有氧運動
雕塑完美身材
創造超級兒童
SUPER KIDS.
簡單訓練使頭腦變聰明
SMART
防止老化的身體改造訓練
3個月塑身計畫
懶人族瑜伽
健身跑
中華鐵球健身操
彼拉提斯健身寶典
pilates
全身保健操
瑜伽美姿美容
豐胸做自信女人
easy yoga
輕鬆瑜伽治百病
瑜伽秀體
小品・Yoga
Hot Dance
熱舞瘦身
小品
Getting Slim
整形打造美麗
Beauty
排毒頻譜33式
Yoga
熱瑜伽
太極操

休閒保健叢書

瘦身 保健按摩術
顏面美容 保健按摩術
足部 保健按摩術
養生保健 按摩術
頭部 穴道保健術
健身 醫療運動處方
實用 美容 美體 點穴術
中外保健按摩 技法全集
中醫 三補 養生
運動創傷 康復診療
養生抗衰老指南
創傷骨折 救護與康復
拔罐 排毒 一身輕
圖解 針灸美容
圖解 針灸減肥
圖解 推拿 防治百病
現代 女性養生
現代 男性養生
每天3分鐘 永保安康
脊柱養生術 吳氏正脊法
快速望診 斷健康
承門 易經筋推拿療法
針灸 特效穴圖解
按摩 特效穴速成
養生保健穴 速成
312 經絡鍛鍊 治病實例
拍打 永保安康
承門 易經筋微火針療法
董氏奇穴 按摩刮痧法
順時養生法
針灸腧穴 圖解
足療 健康法

圍棋輕鬆學

象棋輕鬆學

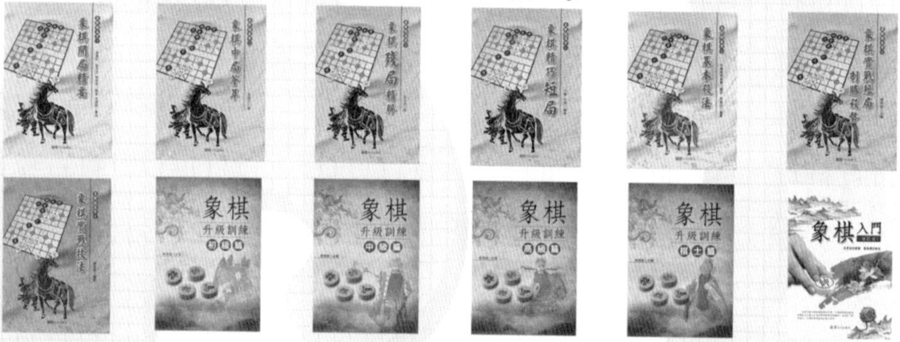

智力運動

棋藝學堂

歡迎至本公司購買書籍

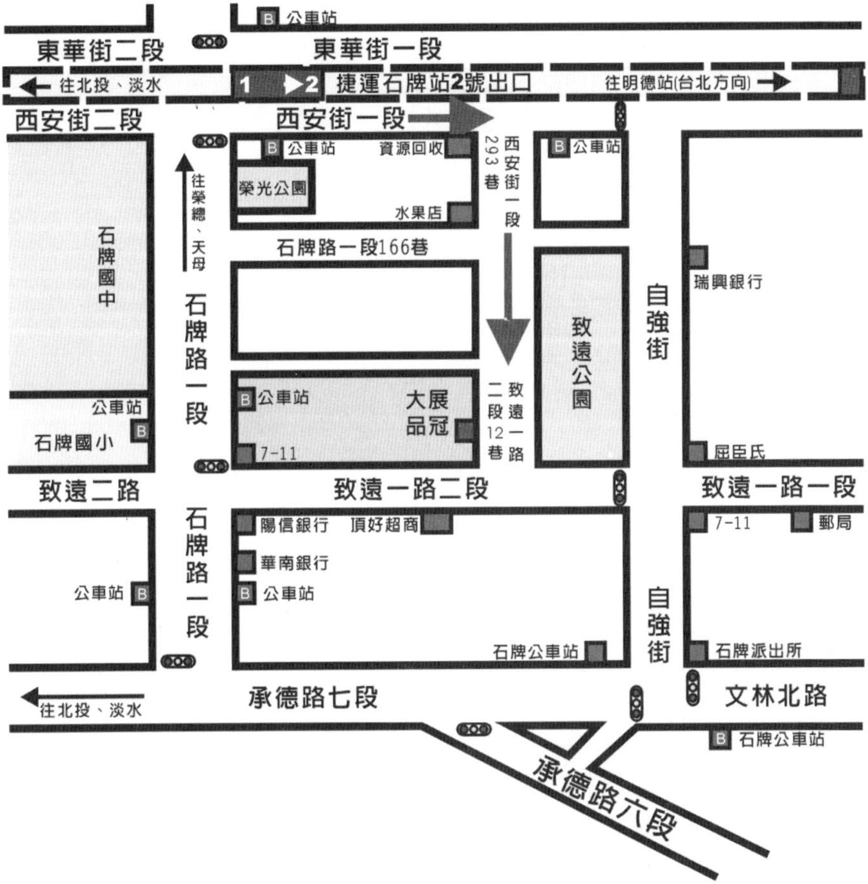

建議路線

1.搭乘捷運・公車

淡水線石牌站下車，由石牌捷運站２號出口出站(出站後靠右邊)，沿著捷運高架往台北方向走(往明德站方向)，其街名為西安街，約走100公尺(勿超過紅綠燈)，由西安街一段293巷進來(巷口有一公車站牌，站名為自強街口)，本公司位於致遠公園對面。搭公車者請於石牌站(石牌派出所)下車，走進自強街，遇致遠路口左轉，右手邊第一條巷子即為本社位置。

2.自行開車或騎車

由承德路接石牌路，看到陽信銀行右轉，此條即為致遠一路二段，在遇到自強街(紅綠燈)前的巷子(致遠公園)左轉，即可看到本公司招牌。

國家圖書館出版品預行編目資料

世界手語入門 / 伊藤政雄，竹村茂著，蕭京凌譯
——初版，——臺北市，大展，1991 [民 80.06]
面；21 公分—（家庭生活；69）
ISBN 978-957-557-103-0（平裝）

世界手語入門

原 著 者/伊藤政雄，竹村 茂
編 譯 者/蕭 京 凌
發 行 人/蔡 森 明
出 版 者/大展出版社有限公司
社 址/臺北市北投區（石牌）致遠一路 2 段 12 巷 1 號
電 話/（02）28236031，28236033，28233123
傳 真/（02）28272069
郵政劃撥/01669551
網 址/www.dah-jaan.com.tw
E-mail/service@dah-jaan.com.tw
登 記 證/局版臺業字第 2171 號
承 印 者/傳興印刷有限公司
裝 訂/佳昇興業有限公司
排 版 者/千兵企業有限公司
初版 1 刷/1991 年（民 80） 6月
初版 9 刷/2021 年（民 110） 1月

定價/230 元

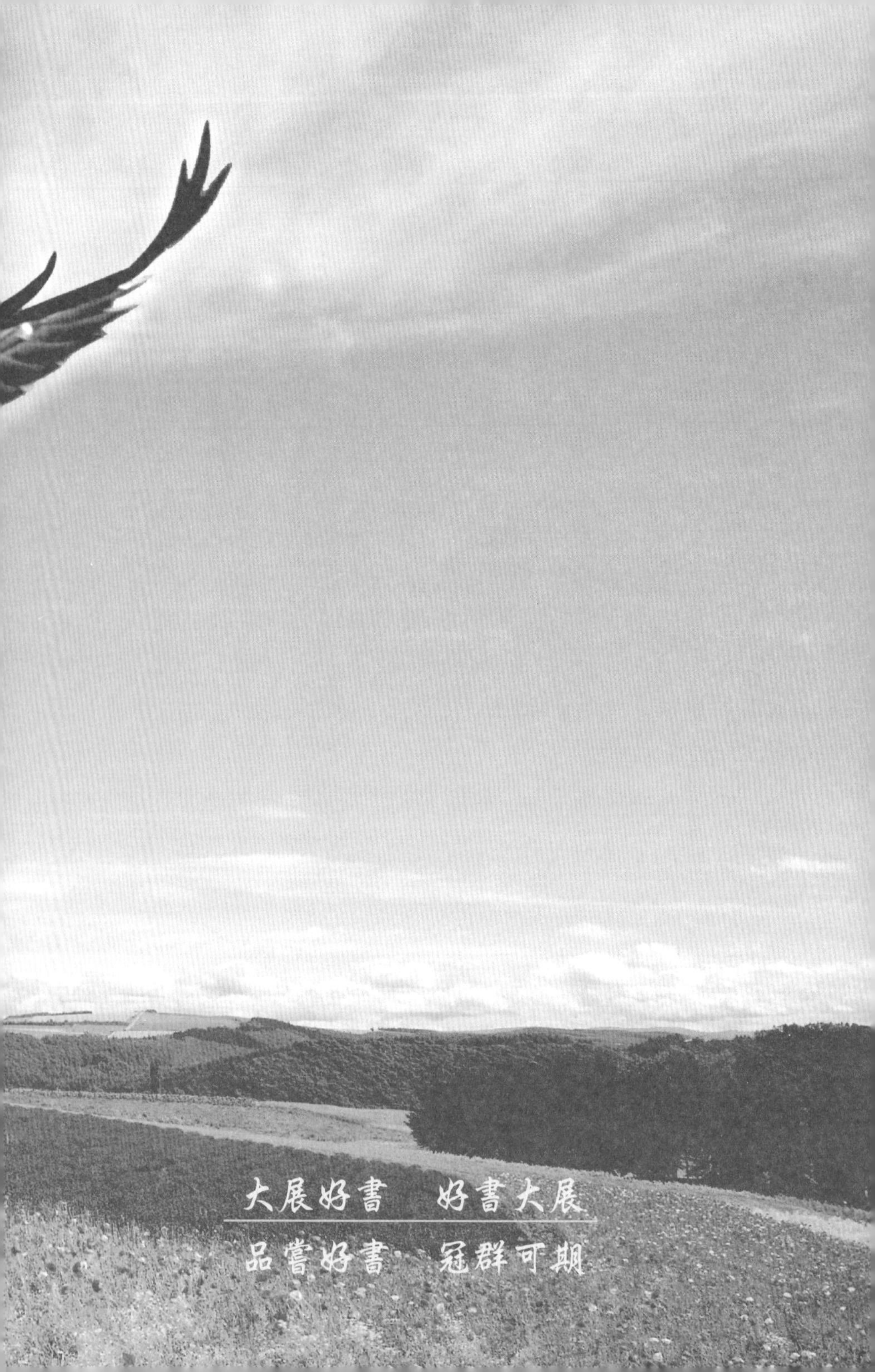
大展好書　好書大展
品嘗好書　冠群可期

大展好書　好書大展
品嘗好書　冠群可期